ゼロからはじめる原価計算

総合原価計算編

公認会計士・税理士
佐久間裕幸［著］

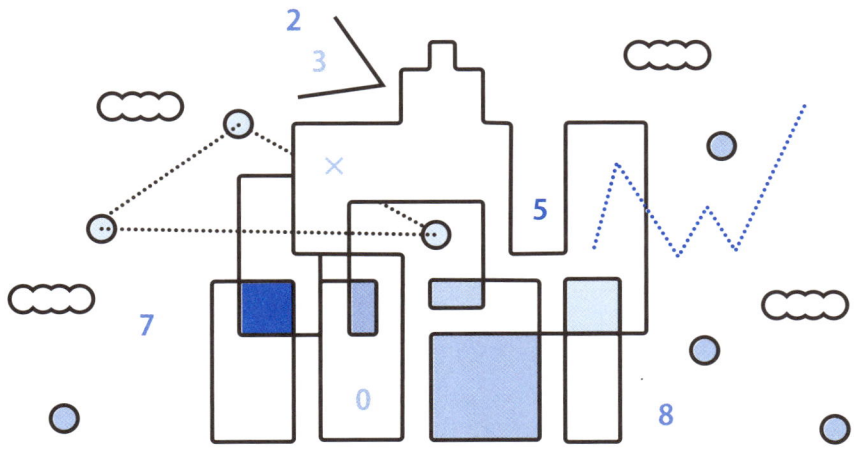

中央経済社

こんな会社が総合原価計算に向いている！

	総合原価計算	個別原価計算
生産形態	見込生産	受注生産
計算のタイミング	1か月単位などの原価計算期間の原価合計を生産量で割って計算する	個々の生産が完了した時点ごとに計算する

適した業態	典型的な事例 (個々の事例により異なる場合があります)	
農業・林業	キノコなどの工場栽培	田んぼや畑での農業
漁業	養殖場などの運営	遠洋漁業など出漁単位での計算
鉱業	金鉱採掘・油田	ー
総合工事業	ー	ビル・橋梁建築など
職別工事業	ー	大工，左官，板金業
設備工事業	ー	電気工事など
食料品製造	冷凍食品，調味料，缶詰，飲料，酒類製造，弁当製造	ー
繊維工業	製糸，紡績，織物，既製服の製造	オーダーメイド服の仕立て
木材・木製品	製材，造作材・合板の製造，大量生産の家具	オーダー家具の製造
パルプ・紙	パルプ，製紙業	ー
出版・印刷	新聞業，一般の印刷	単行本の出版
化学工業	肥料，有機・無機化学製品，油脂，化粧品など	新薬の開発
プラスチック製品製造業	汎用プラスチック製品の製造	個別の受注品の製造
ゴム製品製造業	タイヤなど汎用ゴム製品の製造	個別の受注品の製造
なめし皮・毛皮製造業	鞄・靴など汎用品の製造	特注品の製造
窯業・土石製品製造業	ガラス・セメント・セラミックなど汎用品の製造	特注品の製造
鉄鋼業・非鉄金属製造業	製鋼・鋼材など汎用品の製造	個別受注による鋼材の製造，表面処理など
金属製品製造業	缶，洋食器，刃物，電線，ボルトなどの製造	個別受注品の製造
一般機械製造業	汎用の農機，建機，加工機械，民生用機器器具の製造	個別受注品の製造
電気機械器具製造業	民生用電気機械器具，パソコン，電子部品の製造	発電・送電用機器，スーパーコンピュータその他個別受注品の製造
その他製造業	楽器，事務用品，運動用具など汎用品の製造	個別受注品の製造
運輸通信業	鉄道業，倉庫業，電気通信業など	1便ごとに採算計算する航空，海運，旅行業など
不動産取引業	不動産仲介業	土地・建物の分譲・売買
不動産賃貸・管理業	ー	1棟ごとに採算管理をする場合の不動産賃貸・管理
洗濯・理容・浴場業	クリーニング業，理髪店，銭湯	ー
自動車整備業	工場ごとや整備区分ごとに採算管理する場合	1台ごとに採算管理する場合
機械家具修理業	ー	個別受注単位で修理する場合
物品賃貸業・リース業	汎用品のリース，レンタル事業	1つの契約金額が大きい場合
映画・ビデオ制作業	ー	映画の製作，配給，ビデオ制作
情報サービス業	ー	ソフトウェア開発，情報処理サービス事業
飲食店チェーン	セントラルキッチンでの製造過程，店舗の採算管理	ー
廃棄物処理業	一般廃棄物・産業廃棄物処理事業	ー
医療業	病院，診療所，歯科	歯科技工所
その他サービス業	一定の施設や設備で汎用的に役務提供する場合	個別受注単位で役務提供する場合

総合原価計算に向いているのはこの業種

こちらの業種の方は，本書の姉妹書『ゼロからはじめる原価計算　個別原価計算編』をお読み下さい

は じ め に

　実務に役立つ原価計算の本を完成させることができました。この本ができたのは，原価計算の本を書いてみたいというお話を今年の初めの頃，中央経済社の方に申し上げたことがきっかけです。「総合原価計算と個別原価計算では，体系が根本的に違うのに一冊の本になっていたら，読者にわかりにくいだろう。簿記検定のための学習なら全分野網羅が必要ですが，会社の経理マンや顧客に原価計算を指導する税理士やコンサルタントなどが使うなら，ゴールに合わせた2分冊の方がよいのではないか？」というところからスタートしています。

　さて，日本で原価計算が一番議論され，発展したのは，第二次世界大戦中であるといわれています。陸軍や海軍が軍需品を調達するにあたり，軍需工場からの購入価格を決めるうえで原価計算が使われました。その中では，海軍が定める原価計算の要領と陸軍のそれが微妙に異なっていて，両方に納めている会社は大変なので，原価計算要領を統一するといった動きもありました。

　敗戦後，日本は高度成長期を迎えます。日本の工場はほとんど消失していたため，最新鋭の設備や機械で生産し始めたからその生産効率は高く，世界に輸出していけたのだというのが一般的な話です。しかし，この生産効率を支える基盤として戦時中の原価計算のノウハウの存在があったから企業が生産性を高めることができたのではないか？　と私は考えています。

　そんな時代から年数を経て，原価計算の計算プロセスはシステム化さ

れ，コンピュータが自動的に製品原価を算出し，どのように仕掛品の計算をしているのかわからなくても仕事ができるようになっています。そのため，ゼロから原価計算を組み上げたり，今動いている原価計算の仕組みを熟知していたりする実務家が減ってしまったのではないでしょうか。それが新興国に追い上げられて日本の製造業が低迷する要因の1つ（ごく小さな1つかもしれませんが）かもしれないと私は考えています。

　そんな背景の中で，中小企業や中堅企業に原価計算が導入されていることは稀であるように思います。教科書ではなく，実務家の視点での原価計算の本が必要なのではないかというのが本書を書いた動機です。

　この本を書くにあたり，読者の方々にわかりやすくなるよう私の事務所の平出，伊藤，佐藤，吉田，橘，吉岡の諸氏に分担して目を通してもらいました。また，自宅でパソコンに向かう私に家族も協力してくれました。職員にも家族にもこの場でお礼を言いたいと思います。また，執筆の機会を与えていただいた中央経済社の宮本さんにも感謝です。こうしてでき上がった本が，読者のみなさまの仕事に役立つことを祈っております。

　平成24年7月

佐久間裕幸

目 次

第1章　原価計算ってなんだろう ― 1

1　原価ってなんだろう？　原価計算とは？／1

2　原価計算ができると助かること
　　〜仕掛品の残高が計算できる／3

　(1)　月次損益計算が正しくなる　3

　(2)　財務諸表が適正なものとなる　5

3　原価計算ができると助かること
　　〜経営管理が向上する／6

　(1)　原価管理ができるようになる　6

　(2)　予算との比較ができるようになる　7

　(3)　経営上の意思決定に役立つ(価格設定，投資意思決定)　7

4　まずは財務諸表作成目的を最優先／7

Column ◆ 財務諸表作成目的の原価計算でも原価管理はできた／10

第2章　総合原価計算と個別原価計算のどちらを選ぶか ― 11

1　総合原価計算とは／12

2　個別原価計算とは／14

3　総合と個別のどちらを使うかを判断するには／16

4　総合原価計算の体系はこうなっている／19
　　　（1）　まず計算単位を決める　19
　　　（2）　次に仕掛品の完成品換算数量を計算する　20
　　5　原価とは／24
　　　（1）　そもそも原価とは何か　24
　　　（2）　原価と販管費を区分する　26
　　　（3）　中小企業で使える簡単な原価・販管費の区分方法　29
　　　（4）　原価はこうして分類する　30
　　Column ◆ 継続は力なり？／33

第3章　STEP1　材料費を計算しよう ── 35

　　1　何を材料費として何を消耗品費（経費）とするか／35
　　2　引取費用など付随費用はどうするか／37
　　3　消費単価はこうして計算する／38
　　　（1）　継続記録法と棚卸計算法　38
　　　（2）　継続記録法による計算方法　39
　　　（3）　それぞれの比較　41
　　　（4）　材料の出庫の記録方法　43
　　　（5）　棚卸計算法による計算方法　46
　　4　材料の払出しと差額処理／47
　　Column ◆ 棚卸の方法いろいろ／50

第4章　STEP2　労務費を計算しよう ── 51

　　1　どこまでを労務費とするか／51
　　　（1）　対応法その1〜締日を揃える　52

(2) 対応法その2〜残業手当の計上だけ末日でも締める　53

　　(3) 対応法その3〜残業手当の計上は，半月ずれることとする　54

　　(4) 賞与，退職給与はこうして計算する　54

　2　直接労務費と間接労務費の違い／56

　3　賃率はこうして算定する／57

　4　予定賃率と実際賃率／59

　5　労務費の計算と処理方法／60

　Column ◆ 中小企業における労務費の問題／63

第5章　STEP3 経費・製造間接費を計算しよう — 65

　1　直接経費と間接経費を区分する／65

　　(1) 直接経費　65

　　(2) 外注加工の形態とその会計処理　66

　　(3) 間接経費　69

　2　製造間接費を配賦する／70

　　(1) 金額的基準　71

　　(2) 物量基準　71

　3　実額配賦と予定配賦／71

　　(1) 発生予定額の定め方　72

　　(2) 操業度の決め方　73

　　(3) 配賦額の計算　73

　4　配賦差異を処理する／74

　Column ◆ 配賦法って重要なのでしょうか？／78

第6章  仕掛品の計算➡原価計算の完了！

1 仕掛品の進捗度と完成品換算量／79
2 先入先出法と平均法／82
　(1) 先入先出法　82
　(2) 平均法　83
　(3) それぞれの計算法　83
　(4) 先入先出法と平均法の違い　87
3 原価計算表の完成と原価計算システム／88
　(1) 原価計算表　88
　(2) 原価計算システム　89
4 減損と仕損／91
　(1) 減損と原価計算での取扱い　91
　(2) 正常な減損の厳密な取扱い　93
　(3) 数値例による減損の取扱い　95
　(4) 仕損と原価計算での取扱い　96
5 連産品と副産物と作業屑／97
　(1) 連産品の計算　98
　(2) 副産物の計算　98
　(3) 作業屑の計算　99

Column ◆ 原価管理は原価計算の埒外でもできる／100

第7章 原価計算を経営に活かす：予定原価・標準原価の利用 ——— 101

1 予定原価を利用するメリット／101
2 直接材料費における予定原価と差異分析／102
3 直接労務費における予定原価と差異分析／105
4 製造間接費における予定原価と差異分析／107
5 原価差異の期末処理と税務／110
　(1) 原価計算上の取扱い　110
　(2) 税務上の原価差異の取扱い　112

Column ◆ 原価計算が税務調査の論点になるか？／116

第8章 単純総合原価計算の応用とその他の計算 ——— 117

1 工程別総合原価計算／118
2 組別総合原価計算／119
3 等級別総合原価計算／120
4 部門別総合原価計算／121
5 直接原価計算と損益分岐点分析／124

Column ◆ 経理以外の人にとっての原価計算・経理にとっての原価計算／129

第1章

原価計算ってなんだろう

1 原価ってなんだろう？　原価計算とは？

「原価」ってなんでしょうか。

売上原価，製造原価，原価率，原価低減，仕入原価，輸入原価の高騰などという言葉を耳にします。語感としては販売する商品や製品を購入した値段のようなものだろうと思われるでしょう。

きちんとした原価の定義はさておき，まあ，そのようなものと考えてみましょう。

　　売上高－原価（売上原価）＝利益（売上総利益）

仕入れて販売する商品なら，仕入れた商品の1個当たりの単価が原価であり，売値から引けば利益になります。

では，商品を製造するメーカーの場合は，どうなるでしょう。
材料を仕入れたときの，その材料の値段でしょうか？

車だったら，車体の鉄板も材料，エンジンも材料，タイヤも材料です。それを全部足せばよい？

　では，車体の塗装に使った塗料は，1台当たりどれだけでしょう？　その塗装は，塗料を吹きかける機械を使って行いますが，その機械の購入代金も原価？

　機械を動かすための電気代は？　そうそう，その機械を操作したり，組み立てラインで組み立て作業をしたりする人の給料はどうなのでしょうか？

この車は，いくらで作ることができたのか？

　これらを作った車1台1台に上手に割り振らないと「原価」が出せませんね。また，金額だけでなく，何台作られているかという数量の把握も必要です。

こうした計算こそが原価計算です。

　この計算の仕組みが会社（工場）内のルールとしてできあがり，金額面では会計（経理部門）と，数量については在庫管理（倉庫部門，資材

部門）と連携ができていることを**原価計算制度が整備されている**といいます。

つまり，ある材料を100個使って生産を始めたとき，その材料はいくらで買ったものかが経理部門の資料からわかり，その100個分だけ，材料倉庫の材料が減ったなと倉庫部門は把握できて，次の仕入をするかどうか検討できるという状態です。

企業で原価計算制度が整備されると，いろいろなメリットがもたらされます。それを次で説明します。

2 原価計算ができると助かること
〜仕掛品の残高が計算できる

仕掛品とは，工場内の未完成の製品のことです。原価計算の結果として，仕掛品残高を1か月ごとに把握できます。その結果，企業は次のようなメリットを受けることができます。

(1) 月次損益計算が正しくなる

月次損益計算とは，1か月ごとに損益を把握することです。

原価計算があると，月次損益計算ができるようになります。

原価計算がないと，月末にどれだけ作りかけの製品があるのか，それがいくらなのかがわかりません。

材料を大量に仕入れて工場に投入して製造を開始した月は，多額の材料費がそのまま製造原価となって，原価が多くかかったようになり，その月の売上総利益が過少になります。

翌月になって投入した材料の残りが完成したときには，本来，完成した製品の原価となるべき材料費が先月の月次損益の中で原価になってし

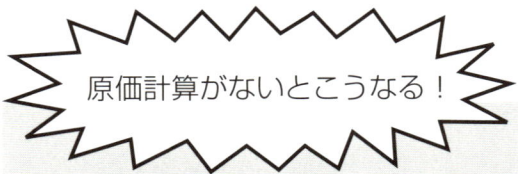原価計算がないとこうなる！

200個分の材料を投入し，その月に100個が完成し，売り上げられた場合。

製造開始月	
売上高	100,000
材料費	60,000
その他の原価	20,000
月末仕掛品	0
売上総利益	20,000

←100個が1,000円で売れる
←1個当たり300円の材料を200個分投入
←原価計算があれば，ここで未完成分の原価を引くのだが，わからないから0

完成した翌月	
売上高	100,000
月初仕掛品	0
材料費	0
その他の原価	20,000
売上総利益	80,000

←100個が1,000円で売れる
←原価計算がないので当然に0
←先月完成しなかった分の材料を使うので0。
　もし原価計算があれば100個分の材料等は月初仕掛品に計上されて加算されて原価が増えていたはず。

まっています。そのため，売上原価に材料費が含まれないため，売上総利益が過大になります。

原価計算を導入することで，月末の材料，仕掛品の原価が算定できるため，月次損益が適正に算出されるようになります。

やや極端な例ですが，普通なら，100個ずつ完成して100個ずつ売れた2か月間の利益は同じでよいはずなので，原価計算がなくて，作りかけの製造品である仕掛品を計算できないと，上の例のように損益が狂ってしまいます。

(2) 財務諸表が適正なものとなる

財務諸表とは，貸借対照表や損益計算書など，企業の財政状態（資産と負債の状況）と経営成績（どれくらい損益が出ているかの状況）を知るための計算表です。原価計算がないと，期末の時点で残っている作りかけの製造品，すなわち**仕掛品残高**も何らかの推定計算によって計上せざるを得ません。

たとえば，実地棚卸により材料倉庫にある材料を材料残高として，工場内にある材料を仕掛品の材料として，その材料原価に推定で労務費と経費を加算する，という程度のアバウトな原価で仕掛品残高を計上するようになります。

当然のことながら，その年度の経営成績，財政状態が適正に算定されるという保証がありません。

以上，(1)と(2)の効果は，原価計算基準では，財務諸表作成目的といわれています。

上場企業などでは，投資家に適正な財務報告をするため，また，それ以前に適正な経営管理（予算通りに売上や利益が出ているかどうかを把

握して，改善策を打つような管理）が存在することが必要ですから，原価計算制度の整備が不可欠です。

　製造業を営む中小企業・中堅企業が一歩成長するためには，原価計算制度の整備がその第一歩となります。

> 月次損益計算ができることは、予算管理などあらゆる経営管理につながる第一歩！　原価計算で月末仕掛品原価が算出できないと売上原価が決まらないため月次損益計算ができません。

　なお，前頁で**「原価計算基準」**という言葉が出てきました。

　これは，企業会計審議会というところから，1962年に設定された原価計算の実践規範です（ようするに教科書とかマニュアルのようなものです）。日本の高度経済成長期の製造業を裏で支えた基盤の1つだと私は思っています。

　この基準が出されてから50年が経過しているため，陳腐化したという人もいます。しかし，これに代わる原価計算の基準は出ていません。また，本書のように原価計算の基礎を学ぶ上では，この基準は，基本をきちんと説明してくれる良い素材だと思います。

3　原価計算ができると助かること
〜経営管理が向上する

(1) 原価管理ができるようになる

　原価計算を整備すると，製造過程での効率化を図るための情報が入手できるようになります。

　一般的に原価計算というと，製造業の方々は，この効果を思い浮かべ

るようです。

これを原価計算基準では**原価管理目的**と呼んでいます。

(2) 予算との比較ができるようになる

原価計算制度を動かすにあたっては、年間の労務費や経費の予算などが整備されている必要があります。

また、原価計算から算出されるデータにより予算統制に必要な実績情報、差異分析の情報が提供されます。

(3) 経営上の意思決定に役立つ（価格設定，投資意思決定）

原価計算の結果、ある製品がいくらで作られたのかがわかりますので、それをもとにいくらで売ったらよいのか、つまり売価を決定するための情報が得られます。

また、原価に関する情報が集積されるため、投資意思決定などに必要な情報も入手することができます。

4 まずは財務諸表作成目的を最優先

これらを整理すると次頁の図表のようになります。

一般に、製造業の会社で、特にその会社の工場で原価計算の話を始めると、多くの方は、原価管理が頭に浮かぶようです。

しかし、会社という組織は、株主など出資者から資金を得て、それを事業に投下して配当をするなど株主に還元する仕組みになっています。

つまり、この1年間でどれだけ儲かり、現在の資産・負債の状態がどうなっているかを報告できることは、会社としての最低限の責務です。

社長一人で機械を動かして仕事をしている状態ならばともかく、多く

```
原価計算制度の整備による効果
    ↙                    ↘
財務諸表の適正な作成と開示      経営の効率化及び質の向上
 ・月次損益計算の実現          ・原価管理   ・価格設定
 ・財務諸表の適正化            ・予算統制   ・投資意思決定
```

の従業員を雇って，会社を大きくしていきたいと思うならば，財務諸表による経営成績と財政状態の把握は不可欠です。

また，年度の初めに想定していた状況で会社が推移しているかどうかは，月次損益計算をしなければわかりません。

こうしたことができるようになったうえで，次の段階として原価管理など経営の効率化のための原価計算を考えるべきなのです。

また，そうでないと，身勝手な原価計算制度になってしまって，株主や金融機関などに理解してもらえる仕組みにならなくなってしまいます。

同じような観点ですが，財務会計の仕組みと有機的に結合した原価計算制度であることも重要です。

部門別損益の管理などもそうなのですが，原価計算など経営管理の仕組みが財務会計と切り離されていると，経営管理の分析結果を財務会計の予実対比などの分析に利用できなくなってしまいます。

予実対比というのは，予算の「予」と実績の「実」を「対比」すること，つまり予算に対して結果としての実績がどうなったか，予算通り

だったか，予算より良かったか悪かったか，その理由はなんだったのかを分析・検討することです。

したがって，原価計算の仕組みから算出された毎月の製造原価すなわち当月製造原価は，財務会計上の製造原価報告書の当月製品製造原価と一致し，原価計算上の仕掛品残高は，貸借対照表の仕掛品残高に一致することが前提です。

これが「有機的に結合」しているという意味合いです。

高度な経営管理は，これができるようになってからですから，この本では，「高度な経営管理に役立つ部分はさしあたり後回しにして，とにかく原価計算といえるものが会社に導入できること」を基本目的にしています。

Column 財務諸表作成目的の原価計算でも原価管理はできた

　本章で書いたように「高度な経営管理に役立つ部分はさしあたり後回しにして」などと書いてあるのを読まれると，読者の方は，そんな程度の低いものを導入しても，作業の手間が増えるだけで役立つ情報が得られないのではないかと心配になるかもしれません。でも，大丈夫です。以下の私の体験をお読みください。

　コンビニエンスストアにお弁当を納入している会社で原価計算制度を導入することになり，私はそのオブザーバーとして関与しました。株式上場を控えており，複雑な原価計算制度を何年もかかって導入したのでは間に合いません。会社の人の心配をよそに本書と同じようなスタンスで財務諸表作成目的を基盤とする原価計算を提案しました。

　いざ，運用開始後に最初のデータを出してみると…。ごま油とサラダ油が使いすぎという情報が資料から読み取れました。プログラムミス？　マスターの登録違い？　などと調べましたが，翌月も同じ。「どうやら使いすぎらしい。どこで使いすぎているのだろう？」と思って会社の人が調べてみると，油の予定使用量には，天ぷらや唐揚げの衣に吸われてお弁当の具になる油の量だけが設定されていました。しかし，こうした揚げ物の油は，たくさん揚げているうちに鍋の中の油が黒くなってきて，やがて捨てるようになります。この捨てられる油の量が予定量に織り込まれていないから，使いすぎだと表示されていたのです。「ほら，基本だけの簡易な原価計算でも会社の材料使用量のレシピが間違っていたことを発見できたでしょ」と私はうれしく思いました。会社の人も，この原価計算をきちんと運用して，業務に習熟したら，各種機能を追加していけばいいのだと自信を持ってくれました。

第2章

総合原価計算と個別原価計算の
どちらを選ぶか

　原価計算の方法は，大きく分けると**総合原価計算**と**個別原価計算**の2種類があります。

　一般的な原価計算の本では，1つの本の中で総合原価計算と個別原価計算の両方の解説をしています。

　しかし，それでは自分の会社に適用するべき原価計算のために1冊の本の中の一部しか使わなかったり，どこを読んでよいのかわかりにくくなったりします。

　なぜならば，多くの会社では，総合原価計算か個別原価計算か，そのどちらか1つしか使わないからです。

　そこで本書では，この2種類の原価計算を区別して，総合原価計算に絞り込んで説明しています。

　それによって，この本を読み進めながら，自社の原価計算制度の整備をしていけます。

　そこで，まず，総合原価計算と個別原価計算の違いについて説明します。

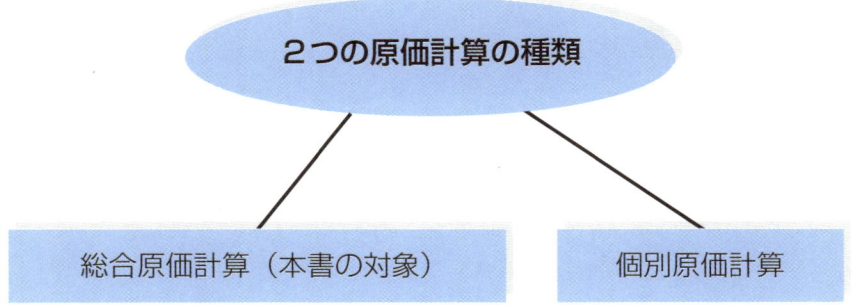

1 総合原価計算とは

　総合原価計算は，同種製品を反復連続的に生産する生産形態に適用する原価計算です。

　一原価計算期間（通常は1年。あるいは実務的には1か月）に発生したすべての原価要素を集計して当期製造費用を求め，これに期首仕掛品原価を加え，この合計額すなわち総製造費用を，完成品と期末仕掛品とに分割計算することにより，完成品総合原価を計算し，これを製品単位に均分して単位原価を計算します。

　期首仕掛品原価というのは，前の原価計算期間の終了時には完成していなかった作りかけの製品にかかった原価です。これと今の原価計算期間で発生した原価の合計がこの原価計算期間に完成した製品の原価と終了時にまだ完成していない期末仕掛品の原価になります。

　次頁の図は，未完成の部分が残る期首仕掛品に今期（今月）製造作業を加えることで完成品となり，今期に製造をスタートした部分のうち，その多くが完成し，一部が仕掛品として残ることを表しています。

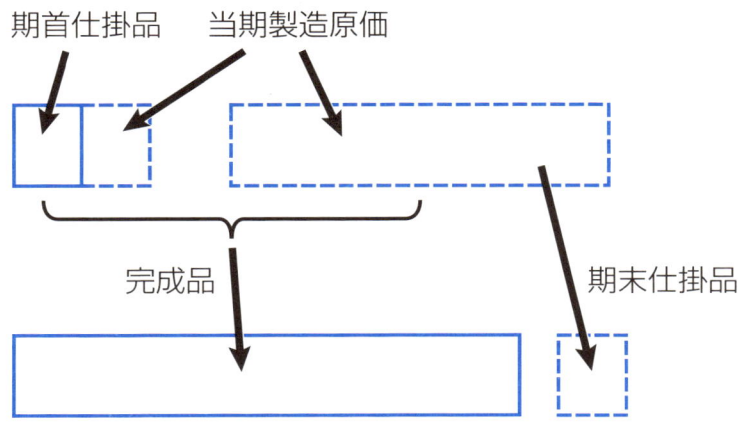

こうした総合原価計算の体系を図にすると次のようになります。

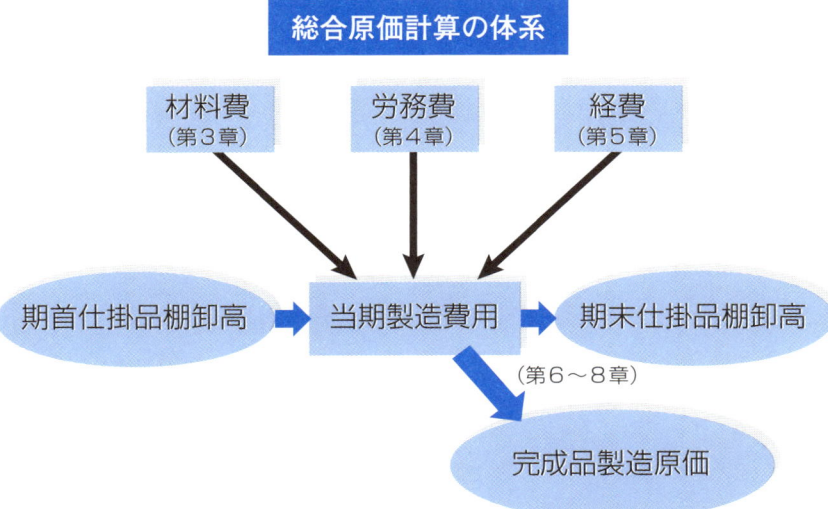

前頁の図のように一定期間の製造費用に期首の仕掛品の原価を加え，その期間の完成数量と未完成（仕掛品）の数量とに按分をすることで，完成品原価を算出して，製造数量で割ることで製品1単位の原価を算出します。

　このような総合原価計算は，同じ種類あるいは類似する種類の規格品を見込生産，大量生産するような製造形態に適用します。
　主に，自動車，鉄鋼，家電製品，医薬品，汎用機械，電力など一般的な製造業が該当します。
　しかし，規格品の生産ではない場合，たとえば，機械製造業でも製造用ロボットなど注文者の要望に応じて設計をゼロから行って製作するような機械の製造などは，見込み生産ではなく，また大量生産でもないため，受注単位に原価を計算する個別原価計算が適しています。

2　個別原価計算とは

　個別原価計算は，種類の違う製品を個別的に生産する生産形態に適用します。
　個別原価計算では，受注単位ごとに発行される製造指図書について個別的に直接費と間接費を集計し，製品原価は，これを当該指図書に含まれる製品の生産完了時に算定します。
　製造指図書というのは，特定の製品の製造開始を指示する命令書で，工事とかオーダーとかJobという言い方をすることもあります。
　外に販売するための製品を生産する場合だけではなく，自社の工場建物，機械，工具などの建設や製作・修繕，試験研究，試作，仕損品の補修，仕損による代品の製作などに際しても，これに特定指図書を発行し

第2章　総合原価計算と個別原価計算のどちらを選ぶか

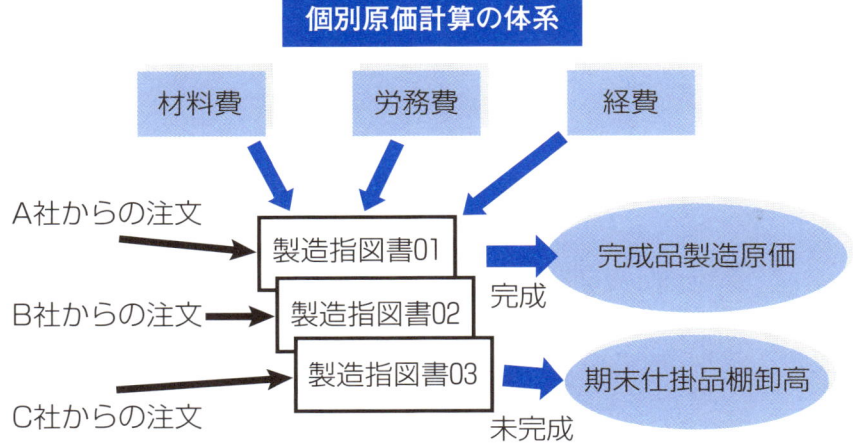

て行う場合は，個別原価計算の方法によってその原価を算定することになります。

　上の図のように注文単位で製造指図書を発行し，それごとに使用した材料費，労務費，経費を集計します。

　そして，完成した受注の製造指図書の原価が**完成品製造原価**であり，期末時点で未完成の製造指図書に集計されている原価が期末仕掛品の原価となります。

　このような個別原価計算は，規格品ではない，受注生産の製造形態に適用します。

　したがって，ソフトウェア開発，建設業，造船や特殊機械の製造業などで個別原価計算が利用されます。

　ただし，造船といってもクルーザー，モーターボートなどは量産品の製造なので総合原価計算が適しているかもしれません。

　また，建設業であっても，プレハブ住宅の柱などは，限られた種類の

ものを大量に削り出すようなプレカットの工場で生産されているのであれば，その工場部分は，総合原価計算で計算するようになるかもしれません。

3　総合と個別のどちらを使うかを判断するには

では，実際にあなたの会社で総合原価計算を適用するべきか，個別原価計算を適用するべきかの判断は，どのようにしたらよいでしょうか。

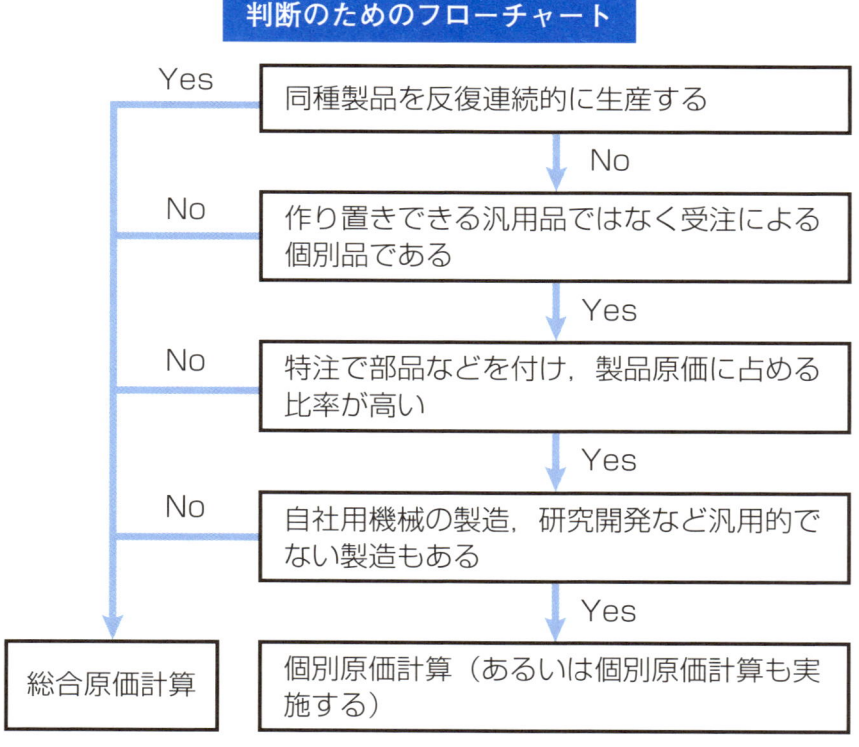

このフローチャートを使えば，基本的には判断できます。

しかし，どちらも適用することができるような場合もあるでしょう。

たとえば，旅客機の製造などは，機種ごとに反復連続的に生産するから総合原価計算が適しているともいえますが，座席の配置などの内装や機体の塗装は発注する航空会社ごとに違うため，1機ずつあるいは航空会社からの受注ごとに個別原価計算を適用することもできます。

機体の製作までを総合原価計算にして，内装その他最終工程は個別原価計算にするという方法もあるでしょう。

このようなところに原価計算の難しさと面白さがあり，いろいろな事例をみてきた私たち公認会計士や税理士を，顧問やオブザーバーとして活用する意味があります。

まとめとして，業種や業態ごとに総合原価計算が向いているか，個別原価計算が向いているかの一覧表を掲げますので参考にしてください。

こんな会社が総合原価計算に向いている！

	総合原価計算	個別原価計算
生産形態	見込生産	受注生産
計算のタイミング	1か月単位などの原価計算期間の原価合計を生産量で割って計算する	個々の生産が完了した時点ごとに計算する
適した業態	典型的な事例 (個々の事例により異なる場合があります)	
農業・林業	キノコなどの工場栽培	田んぼや畑での農業
漁業	養殖場などの運営	遠洋漁業など出漁単位での計算
鉱業	金鉱採掘・油田	
総合工事業	－	ビル・橋梁建築など
職別工事業	－	大工，左官，板金業
設備工事業	－	電気工事など
食料品製造	冷凍食品，調味料，缶詰，飲料，酒類製造，弁当製造	－
繊維工業	製糸，紡績，織物，既製服の製造	オーダーメイド服の仕立て
木材・木製品	製材，造作材・合板の製造，大量生産の家具	オーダー家具の製造

パルプ・紙	パルプ，製紙業	—
出版・印刷	新聞業，一般の印刷	単行本の出版
化学工業	肥料，有機・無機化学製品，油脂，化粧品など	新薬の開発
プラスチック製品製造業	汎用プラスチック製品の製造	個別の受注品の製造
ゴム製品製造業	タイヤなど汎用ゴム製品の製造	個別の受注品の製造
なめし皮・毛皮製造業	鞄・靴など汎用品の製造	特注品の製造
窯業・土石製品製造業	ガラス・セメント・セラミックなど汎用品の製造	特注品の製造
鉄鋼業・非鉄金属製造業	製鋼・鋼材など汎用品の製造	個別受注による鋼材の製造，表面処理など
金属製品製造業	缶，洋食器，刃物，電線，ボルトなどの製造	個別受注品の製造
一般機械製造業	汎用の農機，建機，加工機械，民生用機械器具の製造	個別受注品の製造
電気機械器具製造業	民生用電気機械器具，パソコン，電子部品の製造	発電・送電用機器，スーパーコンピュータその他個別受注品の製造
その他製造業	楽器，事務用品，運動用具など汎用品の製造	個別受注品の製造
運輸通信業	鉄道業，倉庫業，電気通信業など	1便ごとに採算計算する航空，海運，旅行業など
不動産取引業	不動産仲介業	土地・建物の分譲・売買
不動産賃貸・管理業	—	1棟ごとに採算管理をする場合の不動産賃貸・管理
洗濯・理容・浴場業	クリーニング業，理髪店，銭湯	—
自動車整備業	工場ごとや整備区分ごとに採算管理する場合	1台ごとに採算管理する場合
機械家具修理業	—	個別受注単位で修理する場合
物品賃貸業・リース業	汎用品のリース，レンタル事業	1つの契約金額が大きい場合
映画・ビデオ制作業	—	映画の製作，配給，ビデオ制作
情報サービス業	—	ソフトウェア開発，情報処理サービス事業
飲食店チェーン	セントラルキッチンでの製造過程，店舗の採算管理	—
廃棄物処理業	一般廃棄物・産業廃棄物処理事業	—
医療業	病院，診療所，歯科	歯科技工所
その他サービス業	一定の施設や設備で汎用的に役務提供する場合	個別受注単位で役務提供する場合

4　総合原価計算の体系はこうなっている

(1)　まず計算単位を決める

　総合原価計算を適用する量産品の製造では，ベルトコンベアで大量生産しているイメージを持ってください。

　このような工場の場合，月の初日に前月の作りかけがベルトコンベアの上に残っており，月末の工場のベルトコンベアにも作りかけがあることが普通です。

　このベルトコンベアの上に残っているものが仕掛品です。

　そうすると，月初仕掛品数量に当月投入の原料等の数量換算分の合計から月末仕掛品数量を控除すると完成品の数量が算出できることになります。

　金属部品にメッキをする鍍金工場を考えてみましょう。

　この場合，投入した原料の数量も重量もほとんど変化せず，完成品と月末仕掛品に分けることができます。

　では，トマトケチャップの製造工場ではどうでしょう。

　投入するトマトは，その他の調味料などと合わさってケチャップとなります。

　そのため，その数量は，完成品のケチャップの重量に換算したもので計算を進めることになります。

　たとえば，1kgのトマトに全部で300gの砂糖，塩，酢，玉ねぎ，スパイスが投入され，煮ている間に50gの水分が蒸発して1.25kgのケチャップができあがるとすれば，1kgの原材料トマトは，1.25kgの完成品に相

当する数量だということになります。総合原価計算では，この**完成品換算数量**を定めて投入から完成までの単位を統一して計算を進めることになります。

完成品と仕掛品の関係と完成品換算数量	
月初仕掛品数量 300kg	当月完成品数量 2,900kg
当月原料等投入量 （トマト2,400kg×1.25で換算して換算数量 3,000kg）	月末仕掛品数量 400kg

　上の図を見てください。原料として投入したトマトは2,400kgです。

　しかし，前に述べたように1kgのトマトが1.25kgのトマトケチャップになるのであれば，1.25倍した3,000kgを投入量としないと完成品との関係がおかしくなります。

　同じように月初仕掛品数量300kgというのも，元は240kgのトマトを加工中なのですが，これを1.25倍した完成品ベースの数量に換算して計算しています。

　このように原価計算においては，こうした完成品換算数量という概念が重要で，これをどのように定めるかが大きな影響を持つといえます。

(2) 次に仕掛品の完成品換算数量を計算する

　次に，仕掛品についても完成品への換算数量を算出することになります。

　製造工程の最初に材料を投入して，徐々に加工して完成させるモデル

を考えると，材料については100％そのまま完成品換算数量とすることができます。

しかし，部品などの補助材料費，労務費，経費については，ベルトコンベアの手前にあるものは，ほとんど加工がないので完成品換算数量は0とすべきで，ベルトコンベアの最終段階にあるものはほぼ完成品に近いので完成品換算数量は100％で計算することになります。

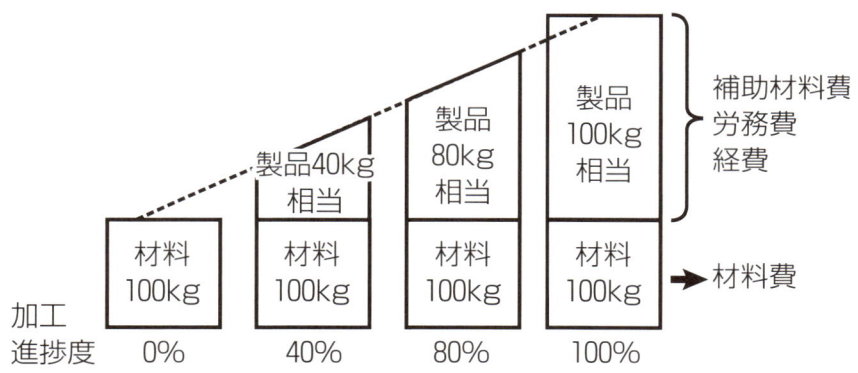

上の図のように加工の進捗度が0％のときには，労務費等については，完成品換算量は0とし，40％のところに100kgの材料があれば，

　　100kg×進捗度40％＝40kg

という計算で完成品換算量は40kgとなります。

同様にして，80％の加工進捗度の場所の仕掛品は

　　100kg×進捗度80％＝80kg

で80kgの完成品換算量とします。

　このように材料と労務費等については，異なる完成品換算量を使って原価を完成品と仕掛品に按分することになります。
　上記の400kgの期末材料と，完成品換算した労務費等の換算量220kgの違いを図で示すと，次のようになります。

材料と完成品換算数量

月初仕掛品数量 300kg	当月完成品数量 2,900kg
当月原料等投入量 （トマト2,400kg×1.25で換算して換算数量 3,000kg）	月末仕掛品数量 400kg

労務費等と完成品換算数量

月初仕掛品換算数量 120kg	当月完成品数量 2,900kg
当月原料等投入量 （トマト2,400kg×1.25で換算して換算数量 3,000kg）	月末仕掛品換算数量 220kg

　たとえば，月初仕掛品に占める材料費が290万円，当月投入した材料費が3,010万円であったとすれば，後で説明する**総平均法**により，これ

らの原価を完成品と月末仕掛品に按分すると，次のようになります。

$$(290万円 + 3,010万円) \times \frac{2,900\text{kg}}{2,900\text{kg} + 400\text{kg}} = 2,900万円$$
…完成品

$$(290万円 + 3,010万円) \times \frac{400\text{kg}}{2,900\text{kg} + 400\text{kg}} = 400万円$$
…月末仕掛品

同じく月初仕掛品に占める労務費等が55万円，当月発生した労務費等が1,505万円であったとすれば，総平均法によりこれらの原価を完成品と月末仕掛品に按分すると，次のようになります。

$$(55万円 + 1,505万円) \times \frac{2,900\text{kg}}{2,900\text{kg} + 220\text{kg}} = 1,450万円$$
…完成品

$$(55万円 + 1,505万円) \times \frac{220\text{kg}}{2,900\text{kg} + 220\text{kg}} = 110万円$$
…月末仕掛品

これら原材料と労務費等を合わせれば，月末仕掛品と完成品の原価が計算できるということになります。

5 原価とは

次章からは，具体的な原価計算を始めるための説明が始まりますが，基礎知識として，原価計算の対象となる原価とは何か，どこまでが原価でどこまでが単なる費用なのかを説明します。

(1) そもそも原価とは何か

原価とは，経営における一定の給付にかかわらせて，把握された財貨または用役の消費を貨幣価値的に表したものである，と定義されています。難しそうな表現ですが，大雑把にいえば，「製造する中で投下した材料や労働などを金額で表したもの」と言い換えることができるでしょう。この定義を分解して解説すると次のようになります。

① 経済価値の消費性

原価とは「経済価値の消費」です。

簡単にいえば，タダで手に入るものをいくら消費しても，それは原価には含めません。

たとえば，製造過程で燃料を燃焼させるために空気（酸素）を消費していても，それは無償なので経済価値はなく，原価に含めることはありません。

また，消費しなければ原価にならないため，工場の敷地のように価値が減少しないものは原価となりません。

同じように，製造過程で二酸化炭素を排出していても，環境会計など特殊な目的がある場合以外は，原価計算の対象とはなりません。

② 給付関連性

　原価は，経営における一定の給付，すなわち製造活動などにかかわらせて把握され，製品や半製品，役務提供を構成するものです。この給付というのは，材料や労務費が製品や仕掛品に姿を変える，転化するというような意味合いで使われています。

　一般的には製造活動という経営における給付にかかわらせて把握しますので，原価≒製造原価ですが，営業活動にかかわらせて営業コスト（営業マンの給与，広告費，荷造運賃，交際費など）を集計すれば営業原価の計算となります。

③ 経営目的関連性

　経営における給付という表現における経営は，製造活動，営業活動など企業の主たる事業活動という意味合いで使われています。

　したがって，これを支える財務活動なども経営の一環ではあるようにみえますが，資本調達活動や利益処分など株主とのやり取りを含むものであるため，支払利息や配当金などは原価とはなりません。

④ 正常性

　冒頭にかかげた原価の定義には含まれていませんが，原価とは正常な経営活動の中で発生した財貨・用役の消費であるとされています。

　たとえば，洪水で製造ラインが浸水し，その修理が終わるまで製品が完成せず，製造員の給与が嵩んでしまったとしても，その給与は原価として集計すべきではなく，洪水による災害損失だとするという意味合いです。

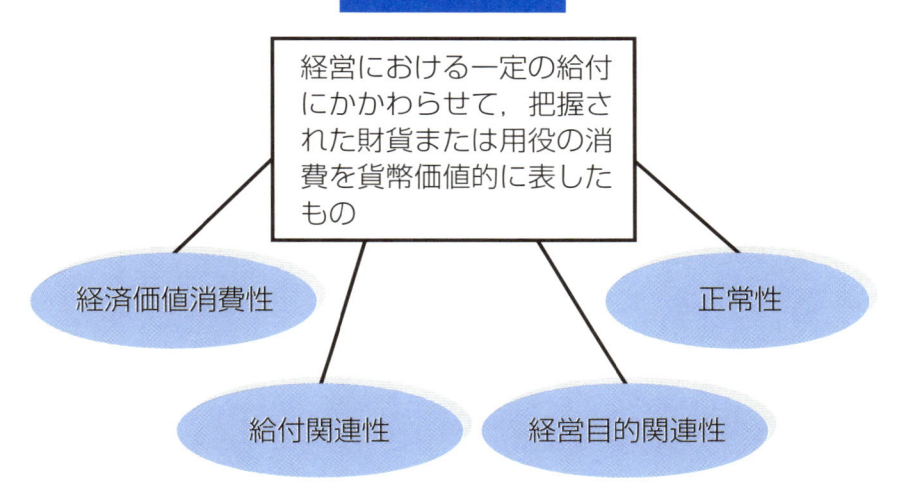

```
                    原価とは

        経営における一定の給付
        にかかわらせて，把握さ
        れた財貨または用役の消
        費を貨幣価値的に表した
        もの

  経済価値消費性              正常性

       給付関連性      経営目的関連性
```

(2) 原価と販管費を区分する

　本書での原価計算は，製造原価の計算をテーマにしていますので，営業費用との区分は，重要です。

　いわゆる**販管費**（販売費及び一般管理費の略語）と**製造原価**を区分するという問題です。

　基本的には，同じ給与でも工場の製造担当者に支払われれば原価であり，営業部や経理部の給与であれば販管費です。

　機械装置の稼働用の三相200Vの電力量は，製造原価ですが，本社オフィスで使用する通常の単相100Vの電気代は，販管費となります。

　問題は，工場と本社の区分が明確でない場合です。同じ建物の中で製造活動と本社機能がある場合などがそれです。

しかし，製造は1階，本社は2階であれば，家賃や建物の減価償却費は半々とし，機械の減価償却費は製造原価，1階で働く人の給与は製造原価，2階の人は販管費とすることができます。
　また，電気代や水道代も1階と2階のメーターを分けることで区分できます。

　ところが，1階建ての工場で本社も製造現場の一角にあったとしたら，非常に困ります。
　この場合，工場の平面図などから本社機能と製造機能の面積を出し，従業員も本社要員と製造要員で分離します。
　そのほか，各種の経費も人員基準か面積基準で按分することになると思います。
　規模の小さい企業では，こうしたことは往々にしてあります。
　この点については，かえって大企業の原価計算より難しいかもしれません。
　だからといって原価計算を諦めるというよりは，思い切って，「とりあえずこの按分基準で割ってしまえ！」という決断が大事だと思います。
　原価計算制度が動くようになってから，その按分基準を見直してみてください。
　製品原価，仕掛品原価に及ぼす影響は，ほとんどないということに気づくことが多いと思います。
　なんらかの根拠があるにこしたことはないですが，金額が相対的に小さい費用については，ある程度割り切って配分してしまうことが，仕事を前進させることになります。

製造原価と販管費の区分法

給与 → 製造要員か本社要員か。もし，両方にかかわっているなら，その時間比率を基準に → 労務費／販管費

法定福利費・福利厚生費，旅費交通費など →
- それぞれの給与に応じて
- どちらの要員が使ったか，どちらの要因のために使ったか
→ 労務費／販管費

家賃，減価償却費，水道光熱費，火災保険料など →
- それぞれの使用面積に応じて
- それぞれの配置人数に応じて
→ 労務費／販管費

消耗品費，通信費など →
- どちらの部門からの要望で購入したか
- どちらの部門に払い出したか
- 使用面積比などで代用
→ 労務費／販管費

(3) 中小企業で使える簡単な原価・販管費の区分方法

　中小企業の場合，これまで製造原価には材料仕入高と外注費以外は計上したことがないことも多いと思います。

　その場合，最初から理論的な区分をしようと思うと，それだけで作業量の多さ，基礎データの不足からくじけてしまいそうです。

　最初は，次頁のような表で「えいや！」と区分してしまうと良いかもしれません。

　この表は，初めて原価計算を始めようという会社が使うことを想定しています。

　本来なら，旅費交通費も製造部門の人が旅費精算すれば製造原価，営業部門の人が旅費精算すれば販管費とするのが原則です。しかし，その区分をするには人手が足りないとか複雑になるといった場合，とりあえず，すべて販管費で計上します。そして，毎月末に，こうした表で「ざっと２：８で分けてみよう」といった割り切りで販管費と製造原価に区分をして，製造原価への振替処理を行うのです。

　まずは，やってみることが大事です。

原価・販管費の区分表

費目	発生額	原価	販管費	区分の基準
役員報酬	2,100	1,500	600	製造担当分は原価
給与手当	6,450	950	5,500	主たる担当別
法定福利費	750	150	600	給与金額比
福利厚生費				給与金額比
旅費交通費				2：8
通信費				3：7
広告宣伝費				全額販管費
交際費				全額販管費
会議費				2：8
荷造運賃				全額原価
燃料費				全額原価
図書費				全額販管費
地代家賃				面積比
減価償却費				減価償却表より
〜				〜

(4) 原価はこうして分類する

① 形態別分類

　これまでの説明でも，原材料費とか労務費といった用語を使ってきました。

　これは原価の分類方法の一つで，発生の形態により分類するということで，**形態別分類**といいます。

> **形態別分類**
> 材料費…物品を消費することによって発生する原価
> 労務費…労働力を消費することによって発生する原価
> 経　費…物品，労働力以外の財貨・用役を消費することによって発生する原価

　形態別分類によれば，原価は，材料費・労務費・経費の3要素があります。

②　製品との関連による分類

　原価は，生産される製品との関連で，その発生が直接的に認識されるか否かによって，直接費と間接費に分けられます。

　たとえば，自動車の製造であれば，ボディ，シャーシ，エンジンなどが直接材料費，こうしたものを組み付ける作業者が作業している時間の労務費が直接労務費，外注業者の作業代金などが直接経費となります。

　これに対して，製品に対して，明確に紐づけて払い出しが行われないネジ，接着剤などは補助材料であり，間接材料費となります。

　労務費も製造ラインに材料や部品を届ける担当者や資材発注の担当者の給与は間接労務費となります。

　また，水道光熱費，減価償却費，地代家賃など多くの経費は，間接経費となります。

③　製造間接費

　上記②の分類の間接費すなわち間接材料費，間接労務費，間接経費を合わせて，**製造間接費**と呼びます。

原価計算においては，製品に直接的に紐づけて集計される直接費に対して，この製造間接費をどのように集計して，製品に配賦するかが論点となります。

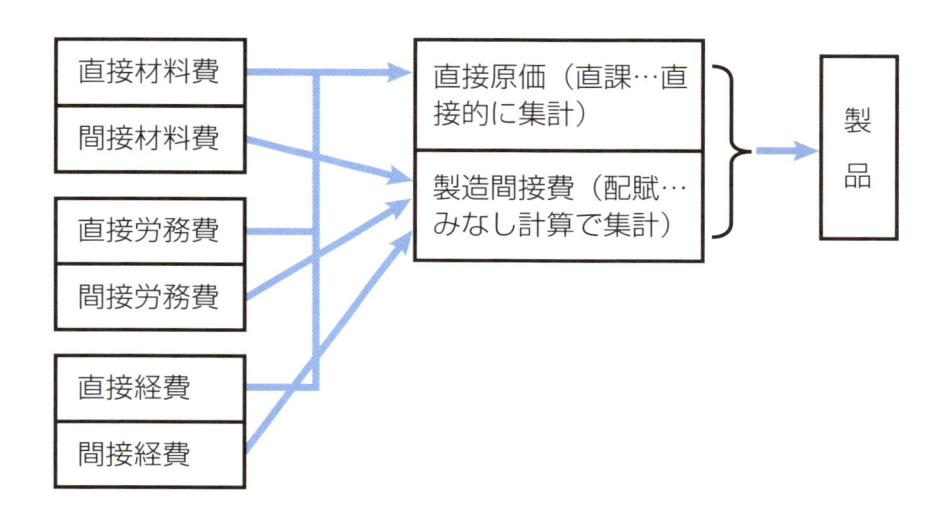

```
┌─────────┐
│ 直接材料費 │──┐
├─────────┤  │    ┌──────────────┐
│ 間接材料費 │──┼──→│ 直接原価（直課…直 │─┐
└─────────┘  │   │ 接的に集計）    │ │
             │   ├──────────────┤ │   ┌───┐
┌─────────┐  │   │ 製造間接費（配賦… │ ├──→│ 製 │
│ 直接労務費 │──┤   │ みなし計算で集計） │ │   │ 品 │
├─────────┤  │   └──────────────┘ │   └───┘
│ 間接労務費 │──┤                      │
└─────────┘  │
             │
┌─────────┐  │
│ 直接経費  │──┤
├─────────┤  │
│ 間接経費  │──┘
└─────────┘
```

　賦課も配賦も，原価を製品に負担させることですが，賦課は，直接的な関係性において直接負担させることをいい，配賦とは配分計算の結果として負担させることをいいます。そのため，賦課のことを直課と表現することもあります。

Column 継続は力なり？

　本章の5(3)での「原価，販管費の区分表」など，本書では，「まずはやってみる」ための工夫を織り込んでいます。その代わり，精緻に書かれた原価計算の教科書などと比較すると大雑把にすぎるのではないか？　と不安になる人もいるかもしれません。

　しかし，会計や税務の世界では，簡便法的に定めた按分率などを継続して適用していれば，結果として適正な損益が算出できるという思想があります。「厳密な配分方法の基準を見いだせないから原価計算を実施しない」とか「より厳格な按分をしようと思うと手数がかかって当社の規模では厳しい」といった理由で原価計算を実施しないくらいなら，思いつきの基準で原価計算をスタートして，何年か続けてしまった方がよいのです。

　なぜ，大雑把な按分基準などでもその比率を継続的に適用すれば適正なものだと考えてもらえるのでしょうか。たとえば，製造原価と販管費の区分である費目については，製造原価に多めに按分されてしまう按分比率を採用してしまった例で考えてみます。本来なら，販管費としてそれが発生した期の費用になるべきものが製造原価になれば，その一部が仕掛品に，残り当期完成品製造原価になったものも，その一部は製品在庫として資産に計上されるので，資産がやや過大に計上されることになります。しかし，翌期も同じ基準で原価計算を実施するならば，最初の期で過大だった仕掛品は完成原価となり，製品在庫は販売されて売上原価になります。それに近い額が新たに仕掛品や製品の金額を膨らませますが，２年目の損益という点では，厳密な按分比率を採用している場合とほとんど変わらなくなるのです。

　ということで，本書では，「案ずるより産むが易し」基準で，原価計算を始めてみるというスタンスに立っているのです。

第3章

STEP1　材料費を計算しよう

1　何を材料費として何を消耗品費（経費）とするか

　原価計算基準などを読むと，主要材料費（原料費），買入部品費，補助材料費，工場消耗品費，消耗工具器具備品費が**材料費**とされています。

　このうち，主要材料費と買入部品費が直接材料費となりますが，何を直接材料費として，どこからが補助材料費や工場消耗品費となるのかは読み取れません。

　こうした部分が，業種による違い，企業規模による違いの部分です。

　中小企業や初めて原価計算を始める会社では，こうした区分でも悩むと思います。

　しかし，最初は割り切ってしまって，簡単な区分で原価計算をしても大丈夫です。

　たとえば，自動車の製造なら，ボディ，シャーシ，エンジン，座席シートだけを直接材料費，その他は補助材料費と割り切ってしまう。

　このような方法でも，原価計算をしないよりは，した方がよいはずです。

いずれ管理水準が上がったら，継続記録で受払いを取る品目を増やして，直接材料費とする項目数を充実させていきましょう。

　主要材料費や買入部品費は，受払い記録を付けて，実際消費量に消費価格（単価）を乗じて原価を計算します。材料の受払いを記録する材料元帳は，次のような様式になっています。

日付	摘要	材料名：		Code：				残高		
		受入			払出					
		数量	単価	金額	数量	単価	金額	数量	単価	金額

　また，受払い記録を付けきれないものについては，棚卸計算法（月末または期末に在庫量を数えて，結果としての消費量を原価とする）によって原価を計算します。
　ただし，工場消耗品，消耗工具器具備品などについては，購入した金額を消費した原価とみなしてもよいとされているので，こうした簡便法も活用したい知恵だと思います。

2　引取費用など付随費用はどうするか

　原価計算基準を読むと材料の購入代価に買入手数料，引取運賃，荷役費，保険料，関税等材料買い入れに要した引取費用を加算して，材料の購入原価とするとしています。
　これは，商品仕入れの取得原価の計算とも同じです。これもきちんとやろうと思うと大変そうです。
　しかし，一般的な部品のような材料の仕入れであれば，運賃は売り手の負担であることが多く，この規定は輸入の場合，そして，関税以外については鉄鉱石や原油の輸入といった大掛かりな原料の輸入の規定と考えてよいのではないでしょうか。

　問題は関税ですが，各業種によって経験上，この品目であれば何％くらいの関税がかかってくるかは把握できると思います。それであれば，実額ではなく，予定配賦で購入原価とすることもできるように思います。製造原価項目の中に「関税」勘定を設定し，たとえば関税が4％でかかるとすれば，10万円の材料輸入をしたときに次のような仕訳をします。

```
材料仕入　104,000 ／ 買 掛 金　100,000
                     関　　税　  4,000
```

　税関や運送業者から関税の計算書がきたら4,200円だった場合，次の仕訳とします。

```
関　　税　4,200 ／ 現金預金　4,200
```

　この結果，200円の差額が出ますが，この金額は，そのままにしてお

けば，製造間接費となって，最終的には完成品原価と仕掛品に配賦されることになります。

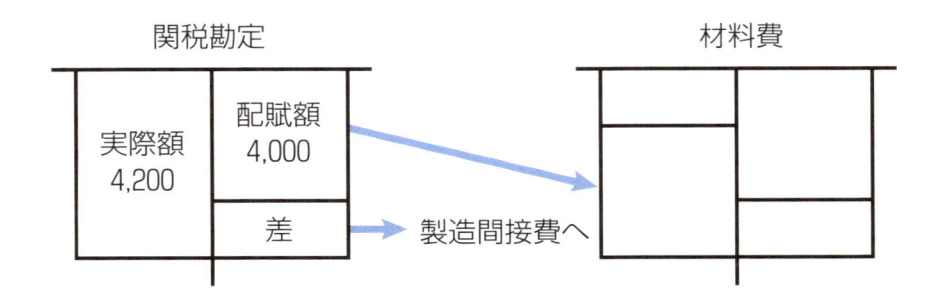

```
     関税勘定                      材料費
┌──────┬──────┐            ┌──────┬──────┐
│      │配賦額│            │      │      │
│実際額│4,000 │──────→    │      │      │
│4,200 ├──────┤            │      ├──────┤
│      │ 差   │→製造間接費へ│      │      │
└──────┴──────┘            └──────┴──────┘
```

なお，会社内の従業員が行う購入事務費，検収，整理，選別，手入，保管等に要した内部副費も材料副費として購入原価を構成するのが原則です。

しかし，これらは主として間接労務費であり，そのまま製造間接費として完成品原価と仕掛品に配賦されるのが一般的であるようです。

3　消費単価はこうして計算する

材料費計算においては，消費量に乗ずる消費単価の算出法が問題となります。

(1) 継続記録法と棚卸計算法

継続記録法とは，材料の入庫，出庫の記帳をすることであり，これにより常に帳簿上の在庫を把握することができます。

実際に在庫を数える作業である実地棚卸をすれば，帳簿上の在庫との差額が棚卸差異，すなわち減失，紛失，盗難などの事実があったことが

わかります。

これに対して，**棚卸計算法**とは，一定時点の実地棚卸数量からその時点までの消費数量を逆算するものです。

したがって，製造のために消費していない滅失があっても，すべて消費数量に含まれてしまいます。当然のことながら，継続記録法の方が，在庫管理の水準は高いといえます。

	内容	特徴
継続記録法	材料の入庫，出庫をそれぞれ記帳する記録法	定期的に実地棚卸数量と対比することで滅失の有無なども判明する。
棚卸計算法	実地棚卸数量から消費数量を逆算して，算出する計算法	事務手数が少ないが，資産管理の機能が落ちるため，主要な材料には適さない。

こうした特徴を考えると，主要材料，金額の高い材料，仕入先へ注文してから入庫まで時間のかかる材料については少なくとも継続記録法を取ることが望ましいといえます。

しかし，原価計算の最初の一歩としては，棚卸計算法でスタートしてもよいのではないでしょうか。

(2) 継続記録法による計算方法

消費単価の計算には，期首期末の在庫をどのようにみなして計算するかによって，先入先出法，移動平均法，総平均法など多様な方法がありますが，本書では，この3種類について解説します。

これは，原価計算に限らず，簿記の勉強の中でも商品の受払計算方法

として学んでいる方法でもあります。

① 先入先出法

期首にあった在庫から製造現場へと払い出して，その後で購入した材料を製造現場に払い出していくと考える計算です。

したがって，期末在庫は，最後の方に仕入れた材料の単価に近いものとなります。

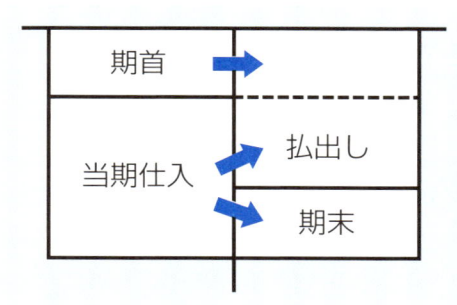

期首分は，当期仕入分に先立って払い出すと考える。したがって，払出し数量から期首分を除いた数量と期末に按分する計算をする。

② 移動平均法

期首にあった在庫とそのあと仕入れた材料との単価を平均し，仕入の都度，単価を平均して見直していく計算法です。

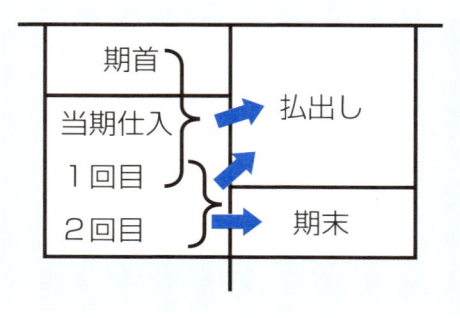

材料を仕入れる都度，そのときの在庫単価との平均を算出して，その平均単価で払出しを行う。

③ 総平均法

期首にあった在庫と当期に仕入れた材料のすべてでの単価の平均を出して，払出し材料の単価，期末在庫の単価とするものです。

したがって，製造現場への払出し単価と期末棚卸材料の単価は等しくなります。

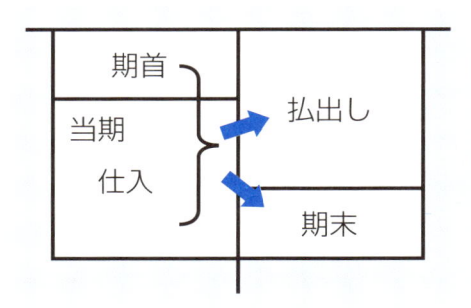

期首の数量と当期の仕入数量合計で平均単価を出して，その単価で払出しを行い，期末在庫の評価とする。

④ その他の計算方法

上記の計算方法のほかに後入先出法，個別法なども挙げられることもありますが，後入先出法は，昨今の会計基準と税制の改正で使われないことになりました。

また，個別法は，1つ1つ材料を個別に受払いしていくものです。

個別法は宝石商などが棚卸資産である宝石を取り扱う場合には，宝石は1つ1つ大きさも形も質も違うため，個別法に依らざるを得ませんが，あくまで例外的なものだと考えられます。

(3) それぞれの比較

3つの計算法がどのような差があるのか，数値例で比較してみます。

設例

期首4月1日の材料の単価1,050円,在庫数量100kgで105,000円。

5月1日に材料を仕入れたが,単価1,250円,数量300kgで375,000円だった。

5月31日の在庫量は,100kg。

6月1日に材料を仕入れる。単価1,100円,数量100kgで110,000円。

6月30日の期末材料棚卸高は,110kg。

この四半期での計算を行う。

解説

①先入先出法

当期仕入れた数量400kgのうち100kgは,先に入れたものが先に払い出されるとみなすので,期首の分が払出しになります。そこで,期末在庫は,次のように計算されます。

110,000＋375,000×10kg／300kg＝122,500円

(6/1の仕入100kgより期末在庫の方が10kg多いので,その分を5/1の材料が残っていると計算する)

②移動平均法

5/1に仕入れた時点での在庫単価の計算

➡ (105,000＋375,000)÷(100＋300)＝1,200円

6/1に仕入れた時点での在庫単価の計算

➡ (1,200×100＋110,000)÷(100＋100)＝1,150円

6/30の期末在庫金額は,1,150×110＝126,500円

> ③総平均法
>   総平均単価を計算する。
>   ➡ $(105,000＋375,000＋110,000)÷(100＋300＋100)＝1,180$円
>   6/30の期末在庫金額は，$1,180×110＝\underline{129,800}$円

このように計算方法の選択によって期末在庫金額が変わってきますので，当然，当期の損益も変わってきます。

では，どれが一番お勧めなのでしょうか。

今回の計算例では，四半期の途中で価格が上がり，四半期末では少し落ち着いたものの，期首よりは高くなっています。

在庫をできるだけ期末に近い単価で評価するという観点からは先入先出法が適しているといえるでしょう。あるいは，移動平均法も価格変動を徐々に反映していくため，無難な計算方法だと思います。

しかし，総平均法は，計算が簡易であるものの，1年経過しなければ単価が出せないのでは，月次での原価計算には向きません。

月次単位で総平均していくこともできますが，コンピュータが普及している今日では先入先出法か移動平均法が妥当だといえます。

(4) 材料の出庫の記録方法

継続記録法を採用している場合，材料を購入したときだけでなく，払出しも記録しなければならないため，材料の出庫時の記録を付けるための仕組みを用意する必要があります。

① 組織が確立されている企業の場合

ある程度の規模，組織の企業を想定すると，製造部門の材料管理をしている部署から倉庫部門へ材料の払出しの要請があり，それに伴い，倉

庫部門から材料が払い出され、その情報が原価計算を行う経理部門へ流れることになります。

システムを導入しているとみえにくい情報の流れを書類の流れによって説明してみましょう。

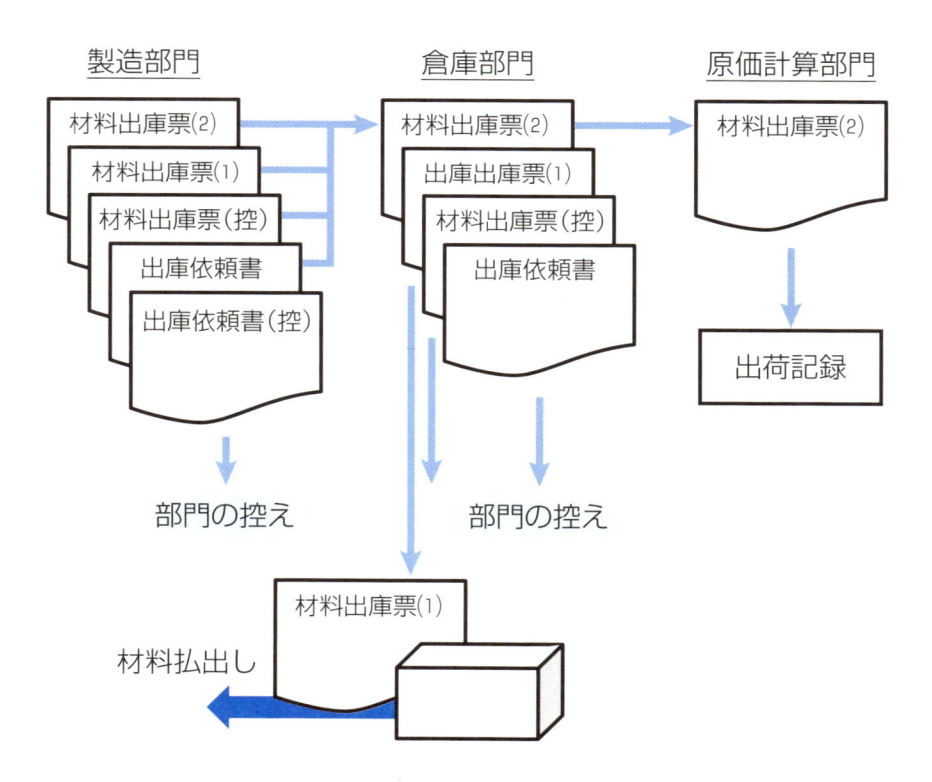

```
製造部門                倉庫部門              原価計算部門
材料出庫票(2)           材料出庫票(2)          材料出庫票(2)
材料出庫票(1)           出庫出庫票(1)
材料出庫票(控)          材料出庫票(控)
出庫依頼書             出庫依頼書
出庫依頼書(控)
                                              出荷記録
      部門の控え          部門の控え

                     材料出庫票(1)
材料払出し ←
```

企業によって、製造部門の人が倉庫へ行って材料を取ってくるという業務の流れになっている場合もあるかもしれませんが、その場合も「材料をいつ、何個、どの製造部門へ払い出した」という情報が倉庫部門に残らなければ、材料の受払いの記録ができません。

組織が十分に確立されていない中小企業でも同様かもしれません。

しかし，材料の受払い記録が正確に行われていれば，倉庫部門では，帳簿上の在庫をみながら，少なくなってきた材料の注文をするといったことができるようになります。

② 中小企業の場合

中小企業では，製造部門と倉庫部門の区分が不明確で，工場の一角にある材料置場から随時材料を払い出すような形態になっていると思います。

この状態では，材料の受払い記録を取るのは困難かもしれません。

しかし，材料置場の材料ごとに次頁のような厚紙のカードでできた受払票を設置しておき，払い出した日にち，数量を書き，同時に仕入れたときにも仕入数量を書き込んで，常に残高を出しておくことで，受払記録とすることができます。

近くに鉛筆を必ず設置しておくようにしましょう。

材料受払票

材料code ＿＿＿＿＿
材料名 ＿＿＿＿＿ Size. etc. ＿＿＿＿＿

日付	受入数量	日付	払出数量	残高
前月繰越				120
4月1日	2,000			2,120
		4月1日	60	2,060
		4月2日	80	1,980

(5) 棚卸計算法による計算方法

　材料の消費数量を把握するために棚卸計算法による場合，毎月末に材料の棚卸をして，月末の材料ごとの数量を把握します。そのうえで，次

の算式により払出数量を計算します。

$$払出数量＝月初棚卸数量＋当月仕入数量－月末棚卸数量$$

計算例

月初の材料棚卸数量が50kg，当月材料仕入数量300kgで月末に材料の棚卸数量を把握したところ45kgだった場合の当月払出数量は？

50＋300－45＝305kg

一般に「棚卸」というと年度末の棚卸を思い浮かべますが，月末ごとに工場の生産や出荷を止めて棚卸をするわけにもいかないので，日頃からの発注のタイミングを決めるための在庫管理における在庫数量の把握というレベルでの棚卸を行います。

こうした作業の簡便化のために前述の(4)②で掲げた「材料受払票」を材料置場に備え置いて，材料受払票の月末残高を棚卸数量として用いてもよいと思います。

4　材料の払出しと差額処理

材料の購入を実際原価で記録し，払出しも実際原価で処理するならば，下記のような算式が成立します。

$$月初材料残高＋当月材料仕入高＝月末材料残高＋当月払出高$$

上記の計算例と同様に月初の材料棚卸数量が50kg，当月材料仕入数量300kg，月末の材料棚卸数量が45kgで，当月払出数量が305kgであれば，上記の算式が成立します。

$$50kg + 300kg = 45kg + 305kg$$

　すなわち，月の最初にあった材料と当月購入した材料の合計は，払い出した金額と月末に残った材料のいずれかになるわけで，当然の結果です。差額は生じません。

　本章で使い始めた下記のようなボックス型（簿記の世界ではT字勘定といいます）の図表は，上記の等式の左辺と右辺をボックスで表し，その大きさが等しいことで差額がないことを表しています。

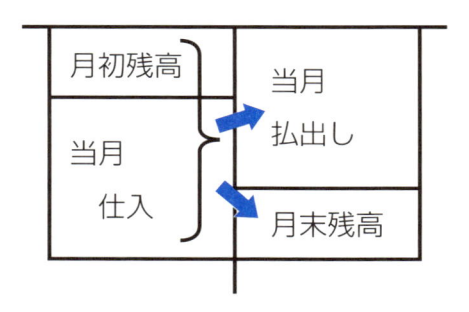

　実際原価で仕入，実際原価で払い出していれば，上記のように差額は生じません。
　しかし，輸入材料に関する関税のように数週間程度遅れて実際額が判明する場合，あるいは予算管理との兼ね合いで，年間を通して，一定の予定単価で材料を払い出すようにしている場合などは，上記の数量につ

いては上記の算式が当てはまっても，単価が共通ではなくなりますので，差額が乗じます。

この差額を**価格差異**と名付けておきます。

$$月初材料残高＋当月材料仕入高 ＝月末材料残高＋当月払出高＋価格差異$$

計算例

月初の材料棚卸数量が50kg（単価101円），当月材料仕入数量300kg（単価102円），当月払出数量295kg（予定払出単価100円），月末の材料棚卸数量が55kg（単価102円）だった場合の価格差異は？

$101 \times 50 + 102 \times 300 = 100 \times 295 + 102 \times 55 +$ 価格差異

価格差異 $= 5,050 + 30,600 - 29,500 - 5,610 = \underline{540}$ 円

これは，最終的には，製品の原価となるもので，後の章で説明します。

ここでは，こうした差額が発生しうることと，その金額を認識しておくことが必要であるということだけ述べておきます。

Column

棚卸の方法いろいろ

　期末の正式な棚卸ですが，会社ごとにいろいろな方法があります。そのため，正式な棚卸を行ったことがない会社では，そもそもどのように実施したらよいのか迷うかもしれません。

　段ボール，パレット，ドラム缶や石油缶に入って，大きいものは倉庫に積み上げられ，小さなものは部品棚などに保管されている通常の材料については，複写式の棚卸原票を使って棚卸をします。材料の前で品名，数量を原票に書き取り，棚卸実施者のサインをしたうえで，1枚を手元に残し，1枚を材料に貼り付けます。これを繰り返すことで，材料置場のすべての材料に棚卸原票が貼り付けられることになります。この結果，1つの材料に棚卸原票を2枚貼ることはありえないので重複して数えることが防げるだけでなく，全体を見回せば原票が貼っていないものが棚卸漏れであることも目で見えるようになります。

　これに対して，材料が棚などに置場も決めて置いてあり，その置かれている順番に材料の一覧表を出力できる場合には，その一覧表に棚卸数量を書き込んでいくという形での棚卸が行われる場合があります。タンクなどが並んでいる化学工場などでもこうした棚卸が行われます。ただし，本来の置場以外に材料を置くようなことがあると，棚卸漏れの原因となりますので，例外的な棚卸方法だと思った方がよいと思います。

　棚卸を実施するには，工場が稼働していると材料が動いてしまいますので，棚卸実施日は稼働を止め，出荷も停止するべきです。また，工場の在庫管理者だけでなく，製造部門の人，経理部門の人，監査役なども一緒に現場を回り，在庫管理者が実施した棚卸に数え間違いがないかどうかなど抜き取りチェックをするとよいでしょう。

第4章

STEP2　労務費を計算しよう

1　どこまでを労務費とするか

労務費とは，名称通り労務，人の働きに対して払われる支出を集計したものです。原価計算基準では，下記の6つを例示しています。

① 賃金（基本給のほか割増賃金を含む）
② 給料
③ 雑給
④ 従業員賞与手当
⑤ 退職給与引当金繰入額
⑥ 福利費（健康保険料負担金等）

賃金と給料の区別というのはあまり明確ではないように思いますが，要するに月々支払われる給与が①②に該当します。
　工員の提供する労働力に対して支払われるのが賃金で，職員及び業務担当役員の労働に対して支払われるのが給与であるという説明をしてい

る本もあります。

③の雑給というのはアルバイト，パートの給与です。

④⑤は，意味合いとしてはわかっていただけるとして，⑥は，経理的には法定福利費といわれているものです。健康保険料と厚生年金保険料の会社負担分（これらは給与から天引きされていますが，それは個人の負担分。給与の支払者も負担をしているのです），雇用保険料の会社負担分と労災保険料が法定福利費の内訳となります。

ここで問題となるのが，「発生」あるいは原価としての「消費」と賃金や給与の「支払い」が等しいとはいえないことです。

給与の支払いは，15日締め25日払いといった計算になりますが，原価計算は，月次決算の基礎ともなるため，通常は，1日〜末日の1か月間を計算期間とします。

したがって，支払った賃金等をそのままその月の労務費としてしまうわけにはいきません。

(1) 対応法その1〜締日を揃える

製造業では，給与の計算期間を末日締め10日払いにするといった例もみられますが，これは，原価計算の計算期間と給与計算の計算期間を一致させて，手数を減らそうとする知恵です。

この場合，月初に前月分の残業時間の集計が終わって10日の給与支払額が決まったら，それをもとに前月末に給与の未払計上を行えばよいのです。

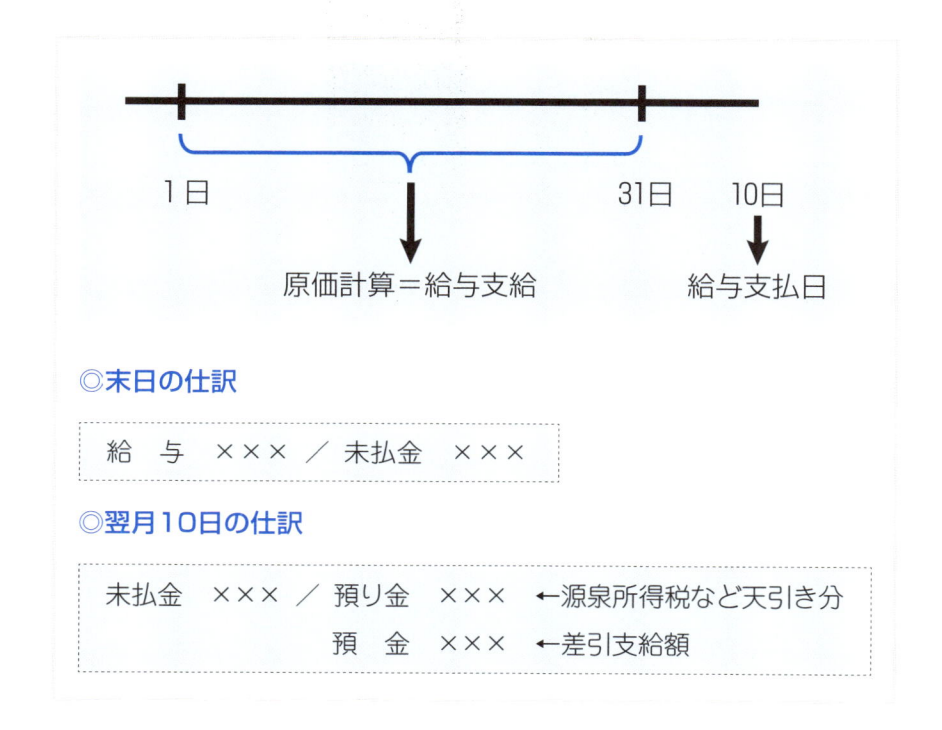

```
    ┣━━━━━━━━━━━━━━━━━━━━━┫━━━━━
    1日                    31日    10日
         ↓                        ↓
      原価計算＝給与支給         給与支払日
```

◎末日の仕訳

　給　与　×××　／　未払金　×××

◎翌月10日の仕訳

　未払金　×××　／　預り金　×××　←源泉所得税など天引き分
　　　　　　　　　　預　金　×××　←差引支給額

(2) 対応法その2～残業手当の計上だけ末日でも締める

　給与の締日が15日，原価計算期間が1日～末日である場合，月末に労務費を計上するための賃金・給与としては16日～末日分の残業手当の資料がないことになります。

　そこで，残業手当を末日でもいったん締めることにします。

　そうすると，給与の計算においては，前月16日～末日分＋当月1～15日分の残業時間を集計し，原価計算においては，当月1日～15日と当月16日～末日の残業時間を利用することができます。

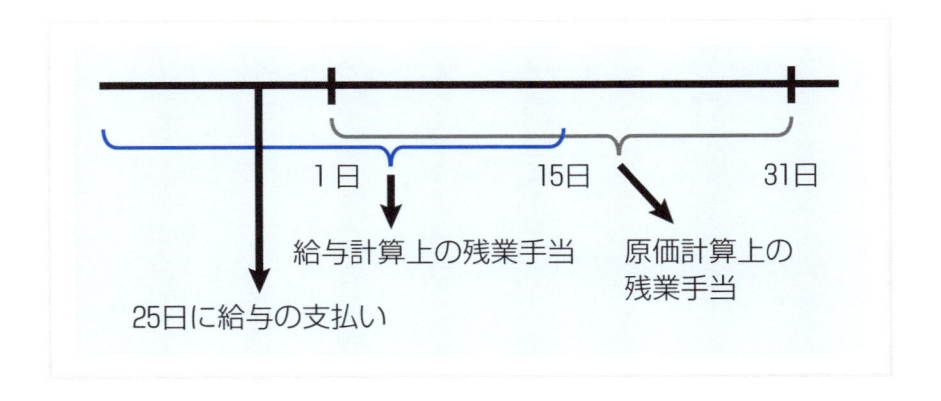

```
        |————————|————————————|
               1日        15日        31日
                    ↓           ↘
         給与計算上の残業手当   原価計算上の
                              残業手当
    ↓
25日に給与の支払い
```

(3) 対応法その３～残業手当の計上は，半月ずれることとする

　これは，簡便法です。

　15日締めで25日に支払った給与の残業手当を原価計算でも使ってしまいます。

　基本給などは，16日以降に入社や退社があった場合に，金額が大きく影響しますので，16日～末日の基本給は，月末在職者を基本に計上するべきでしょう。

　しかし，これも大変であれば，まずは原価計算をやってみようという発想に基づき，15日締めの給与のデータを原価計算に使用してしまうのも手かもしれません。

　ただし，人員数の移動や工員の残業時間の変動が少ないことが条件になります。あくまで簡便法と考えるべきでしょう。

(4) 賞与，退職給与はこうして計算する

　賃金と同様に賞与についても支給時期と原価計算期間のズレの問題があります。

通常，夏と冬に支払われる賞与ですから，これを支給した月の原価とすると，7月と12月に完成した製品だけ労務費がたくさんかかったように計算されてしまいます。

そのため，月次では，賞与の支給見込み額を使って，1／6ずつ引当計上を行います。

◎各月

```
賞与引当金繰入額  100 ／ 賞 与 引 当 金  100
```

そして，賞与を支給した月には，次のような仕訳を入れます。

```
賞     与  600 ／ 現  金  預  金  600
賞与引当金  500 ／ 賞与引当金戻入額  500
```

この結果，賞与を支給した月も賞与600から賞与引当金戻入額500を引いた100だけが計上され，各月の労務費計上額が均一になります。

退職給与については，明らかに支給と計上がずれます。

そこで，原価計算基準でも最初から「退職金」ではなく「退職給与引当金繰入額」が労務費であるという書き方をしているのだと思います。

法定福利費については，雇用保険料と労災保険料の支払月には金額が動きますが，もともと賃金・給与の金額に対しての比率が小さいため，法定福利費は支払いベースで計上してもよいと考えます。

もちろん，厳密に計算する会社では，すべて給与の金額を基準に発生額を算出して，経理的には未払計上して，原価計算に利用しています。

2　直接労務費と間接労務費の違い

　製造に直接従事した場合の労務費が**直接労務費**となり，製造ラインなどに直接従事せず，材料の補充や工場総務にかかわる労務費は，**間接労務費**となります。

　これらを計算するためには，直接工と間接工の区分をすることが必要になります。

　たとえば，自動車製造工場であれば，鉄板を車体にするために切断したり，折り曲げる板金工，曲面を作り出す鍛造工，機械工，塗装工，電装工，組立工などの工員が直接工です。

　製造に用いる機械を調整，整備する整備工や材料の運搬工などは，間接工です。

　しかし，直接工の賃金等がすべて直接労務費というわけではありません。直接工が一時的に間接作業に従事した場合には，その時間部分は，間接労務費となります。

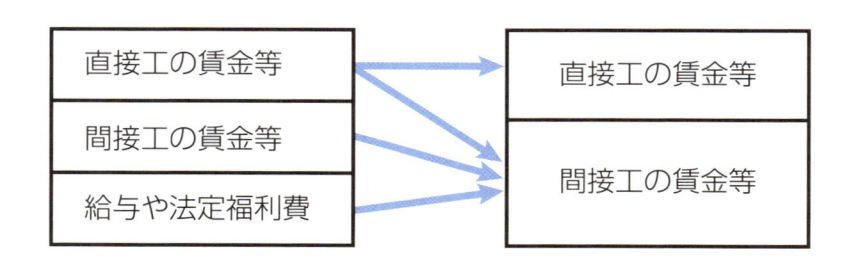

| 直接工の賃金等 |
| 間接工の賃金等 |
| 給与や法定福利費 |

→

| 直接工の賃金等 |
| 間接工の賃金等 |

　このように直接工の賃金等を直接労務費と間接労務費に分解するためには，直接作業時間と間接作業時間を把握する必要があります。

この把握は，次のような方法が考えられるでしょう。

① 誰がどの部署で作業をするかを指示する毎日の人員配置表，シフト表といった帳票で集計する。
② 機械などで稼働時間が明確に判断できるものは，その稼働時間にその機械に配置されている人数を乗じて集計する。
③ 作業日報を工員に提出してもらう。

③の作業日報を工員に書いてもらうというのは，人により書き方の精粗があり，適さないとオーソドックスな本では書かれています。

しかし，ソフトウェアの原価計算などでは，これは必須であり，量産型の総合原価計算でもあり得ないわけではないと思っています。むしろ，各工員が自分の作業時間について意識をするという効果に着目する人もいます。

しかし，原価計算のスタート段階としては，①が無難なのではないでしょうか。工場長や職長さん，プロジェクトリーダーに集計表を提出してもらうのです。

3 賃率はこうして算定する

直接工の直接作業にかかる時間と間接作業時間が把握できたら，これに賃率を掛けて直接労務費，間接労務費の金額の算出をします。

賃率は，次のように算出します。

　　賃率　＝　（基本賃金＋加給金）／総就業時間

> **計算例**
>
> 基本給ほかの基本賃金が合計4,500,000円，残業手当等の加給金が700,000円で総就業時間が1,600時間だった場合の賃率は？
>
> 賃率＝(4,500,000＋700,000)÷1,600＝3,250円

基本賃金というのは，基本給や能力給など残業手当算出の基礎となる部分であり，加給金とは，残業手当，夜業手当，危険作業手当などをいいます。

そして，扶養家族手当，住宅手当，通勤手当などは，作業に直接関係のない手当であるとされ，賃率の計算からは外すのが理論的とされているようです。

しかし，給与計算システムから作られる給与合計表のうち基本賃金，加給金，それ以外の手当とそれぞれ切り出す手数などを考えると，給与総額を使ってもかまわないのではないかと筆者は考えます。

たとえば，都内の工場を郊外に移転して，従業員の通勤時間が長くなり，通勤手当が増えることが予想されます。

その場合，給与総額で賃率を算出すると，その工場の賃率は通勤手当分だけ高めに算出されることになります。

しかし，その賃率で計算した原価こそがその工場での生産効率を反映した原価であるように思います。

また，通勤手当を賃率計算から外しても，製造間接費にはなり，最終的には製品原価に配賦されるので結果はあまり変わりません。

したがって，賃率計算は，会社がどの程度の手間で給与の内容別の分類ができるかの仕組みによって決めればよいのでしょう。

4　予定賃率と実際賃率

賃率には次のような区分があるといわれます。

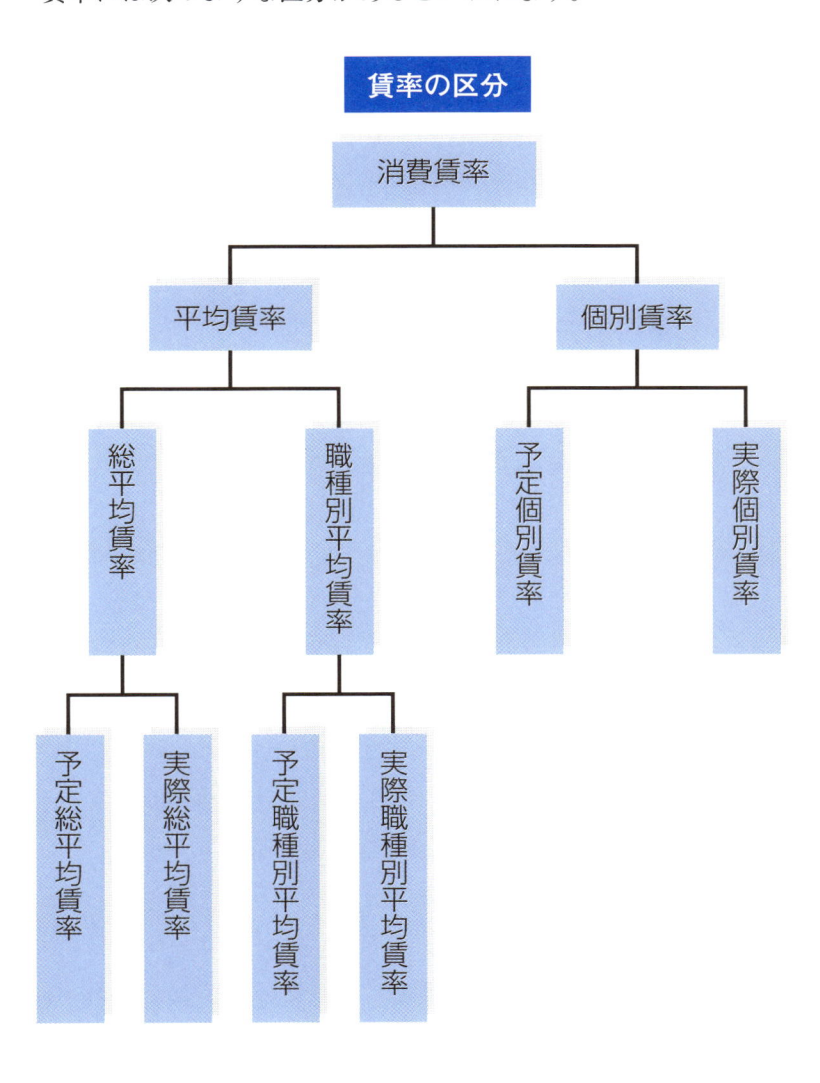

賃率の区分

- 消費賃率
  - 平均賃率
    - 総平均賃率
      - 予定総平均賃率
      - 実際総平均賃率
    - 職種別平均賃率
      - 予定職種別平均賃率
      - 実際職種別平均賃率
  - 個別賃率
    - 予定個別賃率
    - 実際個別賃率

個別賃率とは，個々の直接工ごとに計算される賃率です。

これに対して平均賃率とは，直接工の全員または一定の職種別の区分ごとの平均賃率です。

一般に年功給を採る日本企業では，個別賃率ではたまたま年齢の高い人がかかわる製品の原価が高くなってしまうという問題があるのではないでしょうか。その点，平均賃率の方が無難に思えます。

しかし，非常に高度な技術を要する熟練工の部門とそうでない部門が分かれている場合，少なくとも職種別平均賃率を，場合によっては個別賃率を用いることになると思われます。

5 労務費の計算と処理方法

賃金・給与の支払いを実際発生額で記録し，労務費の発生額も実際賃率で処理するならば，下記のような算式が成立します。

$$当月給与支払額 - 月初給与未払額 + 月末給与未払額 = 当月発生労務費$$

計算例

当月給与支払額が5,300,000円，月初の給与未払額が350,000円，月末の給与未払額が300,000円だった場合の当月発生労務費額は？
5,300,000 − 350,000 + 300,000 = 5,250,000円

すなわち，前月発生した労務費のうち，前月給与としては未払だった部分は，当月の給与の計算期間の給与となり，今月の給与の計算期間の

締日以降の発生労務費は，未払の給与額ということになります。

したがって差額は生じないようにみえます。

しかし，仮に実際賃率を使用していたとしても，個別賃率でない限りは，実際に一人一人の残業手当などを計算する支払賃金と賃率×作業時間で計算される発生労務費とは，一致するものではありません。

就業時間と作業時間という観点については上記の算式が当てはまっても，賃率という単価の部分が共通ではなくなりますので，差額が生じます。

この差額を**賃率差異**と名付けておきます。

$$当月給与支払額－月初給与未払額＋月末給与未払額\\=当月発生労務費＋賃率差異$$

計算例

当月給与支払額が5,300,000円

月初の給与未払額が350,000円

月末の給与未払額が300,000円

当月発生労務費額として配賦したのは，賃率3,250円×1,600時間の5,200,000円でした。

賃率差異は？

5,300,000－350,000＋300,000＝5,200,000＋賃率差異

賃率差異＝5,300,000－350,000＋300,000－5,200,000＝50,000円

この賃率差異は，最終的には，製品の原価となるもので，材料の価格

差異と同様に後の章で説明します。

　ここでは，こうした差額が発生しうることと，その金額を認識しておくことが必要であるということだけ述べておきます。

給与支払額と労務費発生額のズレ

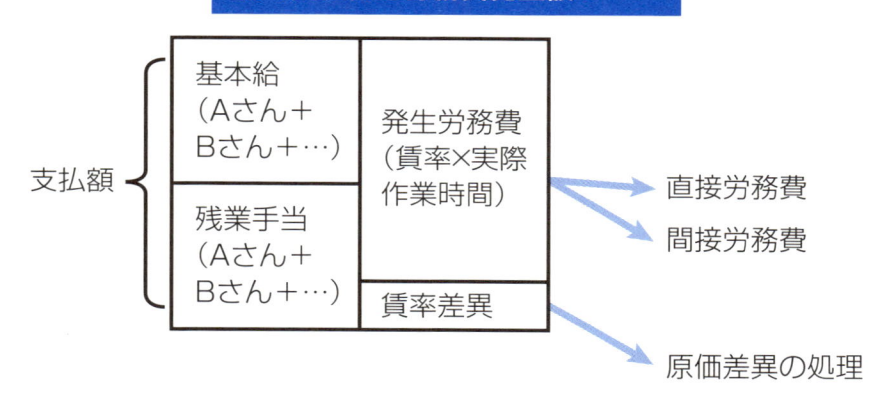

支払額
- 基本給（Aさん＋Bさん＋…）
- 残業手当（Aさん＋Bさん＋…）

発生労務費（賃率×実際作業時間）→ 直接労務費／間接労務費

賃率差異 → 原価差異の処理

Column

中小企業における労務費の問題

　中小企業においては，各役員や従業員の業務が明確に区分されているわけではなく，一人が何役もしているということがしばしば見受けられます。工場のトップが製造計画や日々の製造の管理の合間に研究開発作業をしていたり，製品企画や製品規格を担っている人が製品に詳しいことから営業マンと一緒にセールス活動に随伴していたり。

　こうした場合には，直接作業時間と間接作業時間の区分だけでなく，そもそも製造原価と販売費及び一般管理費との区分の問題さえ出てきます。ところが，こうした八面六臂の活躍をする人は，職位が高いため，毎日の人員配置表，シフト表といった帳票で集計する対象者には入らないことも多いでしょう。結局，こういう人たちに作業日報を書かせることになるのでしょうか？　また，極端なことをいえば，社長も作業日報を書くのか？
という問題も出ないとも限りません。

　1つのやり方は，「やはり作業日報を書いてもらい，より正確な原価を出すしかない」です。しかし，ここでまた簡便法ということでいえば，こうした人ばかりならともかく，少数であるならば，その時間集計が大雑把でも全体に与える影響は大きいとはいえません。そこで，「まあ，こんな比率かな？」と思える比率で給与を割り振ってしまえばよいのではないでしょうか。多面的にがんばって仕事をしている人からの反発を買って原価計算が進まないより，まずは大雑把でも原価計算を実施して，その結果を彼らに経営上のデータとして活用してもらう方が有益です。

　ちなみに筆者の事務所でも全員が作業日報を書いていますが，所長である筆者自身もきちんと書いています。

第5章

STEP3 経費・製造間接費を計算しよう

1 直接経費と間接経費を区分する

　材料費，労務費の説明が終わったので，あとは，経費です。

　経費は，製造原価のうち，材料費，労務費以外のものすべてということになります。

(1) 直接経費

　直接経費とは，製品の製造上，原価の発生が製品に直接かかわらせて把握できる経費です。

　一般的には外注加工費，製品の出来高に比例して支払う契約になっている特許権使用料などがこれに該当します。

　しかし，通常は，直接経費＝外注加工費とされるくらいに直接経費の代表は外注加工費であり，また，その会計処理についての論点が存在しています。

　外注加工費とは，生産過程の一部を外部の業者に委託して，その加工料を支払う場合，この加工料のことをいいます。

(2) 外注加工の形態とその会計処理

外注加工の形態として，材料の無償支給と有償支給の2種類があります。

① 無償支給

無償支給とは，外注先に加工する材料を無償で引き渡して加工してもらったら，受け取る形態です。加工してもらった数量に応じて加工料を払います。

しかし，加工する材料は，外注先に預けたようなものですから，発注者である自社で引き渡した数量，加工が終わって納品された数量，そして外注先にあるはずの数量を把握して，管理しなければなりません。

たとえば，加工に失敗して納品できなかった場合，その材料の代金を外注先からもらうようなことも必要になります。

こうした管理がないと，外注先がその材料を一部横流しするようなことがあってはいけないからです。

② 有償支給

有償支給とは，材料や部品を外注業者に売却して，加工が終わった材料や部品を仕入れるという方法です。

こうすると，外注業者は，材料を購入しているので，無駄なく加工しようとか材料の節減に努力することになりますし，発注者側としても外注先にある在庫管理を自分でしなくてもよいことになります。

ただし，問題もあります。

材料や部品を会社が仕入れた価格のままで売却するのだと外注業者が

その材料や部品を他社に卸して利益を得ることもできてしまいます。

材料の単価以外にも発注や外注先への払出しのコストもかかるわけで，その分も加えた価格で引き渡すことが多いといえます。

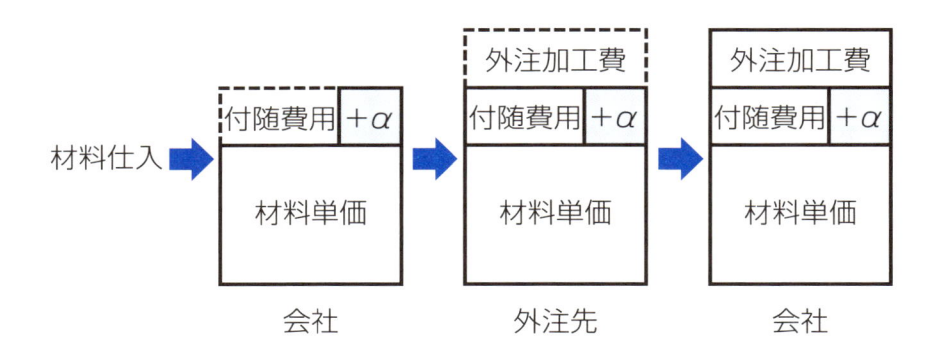

```
                 ┌─ ─ ─ ─ ─ ─┐         ┌─ ─ ─ ─ ─ ─┐         ┌───────────┐
                 │           │         │  外注加工費 │         │  外注加工費 │
                 ├───────┬───┤         ├───────┬───┤         ├───────┬───┤
                 │ 付随費用│+α │         │ 付随費用│+α │         │ 付随費用│+α │
  材料仕入 ➡    ├───────┴───┤  ➡     ├───────┴───┤  ➡     ├───────┴───┤
                 │           │         │           │         │           │
                 │  材料単価  │         │  材料単価  │         │  材料単価  │
                 │           │         │           │         │           │
                 └───────────┘         └───────────┘         └───────────┘
                     会社                   外注先                 会社
```

この結果，外注加工が終わって，加工後の材料・部品として受け入れた材料取得原価の中に自社が加工先に支給する際に乗せたプラスアルファ分の利益が加わった形になってしまいます。

そこでこの金額を期末の材料・部品在庫から外す会計処理が必要になります。

また，繊維加工などでは多くみられるのですが，繊維の加工プロセスが全部有償支給の外注によっているため，会社の売上高と材料仕入が膨らみすぎてしまって，会社の実態がわからなくなるということがあります。

できあがった洋服がその会社にとっての売上高のはずですが，①紡糸（製糸）・②紡績・③撚糸・④製織（製編）・⑤染色加工・⑥縫製の各プロセスで有償支給を利用すると，最終売上の前に6回も売上の計上が行われてしまいます。

それでは，企業の規模などがわからなくなってしまいますので，これの修正も必要になります。

その会計処理が，次のようになります。

方法1　材料売却益を純額で表示

(a) 材料等の有償支給時（仕入価格1,000円の材料を1,100円で売却。外注加工の終了時には1,600で購入する。)

```
未 収 入 金　1,100 ／ 材　　　料　　1,000
　　　　　　　　　　／ 材料売却益　　　100
```

(b) 上記のうち6割の加工が終わり960で入荷

```
材　　　料　　900 ／ 買　掛　金　960
材料売却益　　 60
```

(c) この時点で期末を迎えると，期末現在で有償支給先にある材料についての材料売却益40だけが実現したものとして，損益計算書に反映されます。

材料の期末棚卸額は1,600から自分で乗せた利益100を控除した1,500の6割の900となっています。

方法2　材料売却額を総額で表示

(a) 材料等の有償支給時（仕入価格1,000円の材料を1,100円で売却)

```
未収入金　1,100 ／ 材料売上　1,100
```

(b) 上記のうち6割の加工が終わり960で入荷。

> 材料仕入　960　／　買　掛　金　960

(c) この時点で期末を迎えたので，二重となっている売上高を消去する。

> 材　料　売　上　660　／　材　料　仕　入　　660
> 材　　　　　　料　900　／　材料期末棚卸高　　900

　これらの仕訳の結果，材料売上は440，材料の売上原価は当初の材料仕入1,000＋加工後の材料仕入960－相殺消去660＝1,300から期末材料900を引いた400となり，材料売上440から材料売上原価400を控除して方法1と同じく有償支給材の支給による利益が40となります。

　方法1は，有償支給の利益を控除する原理を理解しやすいものの，実際の企業での会計処理方法としては，方法2が一般的のように思えます。
　ただし，有償支給材の支給による利益額は，どちらの方法でも等しくなります。

(3) 間接経費

　外注加工費などを除けば，ほとんどは間接経費ということになります。
　間接経費については，その把握方法によって支払経費，月割経費，測定経費，発生経費があるといわれます。
　それらは，次の図表のように整理されます。
　測定経費については，電力を大量に消費する企業では，発生経費として把握することになるように図表では書きました。
　しかし，工場内の照明やベルトコンベアのモーターに使う電気程度し

経費の種類	把握の仕方と経費の種類
支払経費	実際の支払いや請求書の受領により，その発生額が把握され，それが経費発生額となる費用。旅費交通費，通信費，購入額＝消費額とした場合の事務用消耗品費，保管料など
月割経費	減価償却費，年1回払いの保険料・賃借料や新聞図書費など。計上額を月割で計上する
測定経費	電力料，ガス代，水道代などは，計算期間が原価計算期間とずれることが多く，メーター等で原価計算内の発生額を計算するものなど
発生経費	棚卸減耗費や仕損費など，実際発生額を計上するもので，支払経費とは異なり，自社内で発生したものを計上

か使わない企業の場合，大きな変動も金額の重要性もないことが予想されますので，支払経費として取り扱ってもよいのでしょう。

2 製造間接費を配賦する

製造間接費とは，間接材料費，間接労務費と間接経費を合わせたものです。

製造間接費は，製品の製造に直接的にかかわらせて把握することができない材料費，労務費，経費ですから，これを何らかの方法で製品と期末仕掛品に配賦することが必要になります。

配賦とは，特定の基準によって原価を割り振ることです。

この基準としては，次のようなものが考えられます。

(1) 金額的基準

直接材料費金額の一部または全部，直接労務費金額を配賦基準とするものです。

(2) 物量基準

製品数量，製品重量，メインとなる材料の重量や数量，直接作業時間，機械運転時間を配賦基準とするものです。

たとえば，高額な材料を使った製品には間接材料費も高価なものを使用するといった関係性が強いと思えば，直接材料費金額を配賦基準とするのもよいかもしれません。

その半面，材料の中に資源価格や為替相場の影響を受けるなど仕入金額が大きく変化するものが含まれていると，これの影響で製造間接費の配賦額が影響を受けてしまいます。

一般的には，製品の数量や重量，直接作業時間を配賦基準にすることが多いと思われます。

3 実額配賦と予定配賦

製造間接費の実額配賦とは，実際発生額を把握したのち，これを製品別に配賦することです。

予定配賦とは，予算などをもとに発生予定額と操業度（配賦基準の基となる数量）から予定配賦率を定めておき，これに直接作業時間等の配賦基準値を乗じて配賦を行うことです。

実際配賦は，一見，正確そうにみえますが，その計算ができるまでに

時間がかかること，操業度が変動することで製品に配賦される原価が著しく変化してしまいます。

たとえば，夏季休暇がある8月の操業度は，通常の月よりも何十％も操業時間が短いので，8月の製品への配賦額は大きくなってしまいます。

逆に3月などは大企業の決算期であり，そこに向けて大量に納品をしなければならない場合，2～3月の操業度が高まり，各製品に配賦される製造間接費が少なくなってしまうのです。

(1) 発生予定額の定め方

では，この発生予定額と操業度はどのように定めるのでしょうか。

発生予想額は，予算の精度が高ければ正確な予想額が出せます。

しかし，これから原価計算をスタートしようという会社では，前年の発生額を基準としながら大きな変動項目を織り込んで計算すればよいと思います。

しかし，その中で1つ考えておきたいのが，固定費と変動費の区別です。

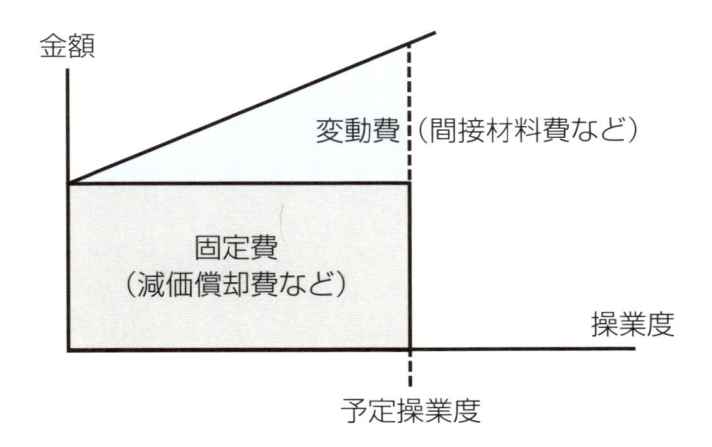

減価償却費や賃借料などは，操業度に関係なく一定額が発生します。それに対して，間接材料費や間接労務費の中の残業時間などは操業度に比例的な関係性で発生します。

製造間接費予算を決める場合には，変動費と固定費に分解したうえで，検討するとよいのです。

(2) 操業度の決め方

操業度についても，理論上の最大生産能力から日常的な機械の故障・修繕，段取時間，休日などによる生産能力の減少分を織り込んだ実際的生産能力を基にする，あるいは景気変動等により生産能力をフルに使えていないなら平均操業度を使うといった考え方があります。

しかし，これも，直近の操業度の実績などを用いて「えいっ」と定めればよいと思います。

そして，このあとで説明する配賦差異の分析結果をもとに見直しをかけていけばよいのだと思います。

(3) 配賦額の計算

以上をまとめると下記のようになります。

> **＜条件＞**
> この会社では，操業度としてメインの加工機械の運転時間を採用。月間の運転時間は150時間。間接材料費予算100万円，間接労務費予算300万円，間接経費予算500万円とした（このうち固定費600万円）。4月の実際発生額は，間接材料費103万円，間接労務費302万円，間接経費525万円であった。

> <予定配賦率の計算>
> 　1時間当たりの予定配賦率は，(100万円＋300万円＋500万円)÷150ｈ＝60,000円となる。
>
> <配賦額の計算>
> 　4月の機械運転時間は，148時間であった。
> 　　60,000×148ｈ＝8,880,000円
>
> <配賦差異の計算>
> 　888万円－(103万円＋302万円＋525万円)＝△420,000円（実際額の方が多いので，不利な差異という）

4　配賦差異を処理する

　このように発生した差異は，どのようにしたらよいのでしょうか。
　下記の図のように配賦差異は，実際発生額と製品等に配賦した金額の差額として認識されます。
　配賦差異は，毎月，プラスの額で発生することもあれば，マイナスになることもあります。
　そこで，これらの累計額を期末に処理します。
　この処理については，第7章「5　原価差異の期末処理と税務」でまとめて取り扱います。

　しかし，配賦差異の発生原因については，毎月検討していくのも必要なことだと思います。

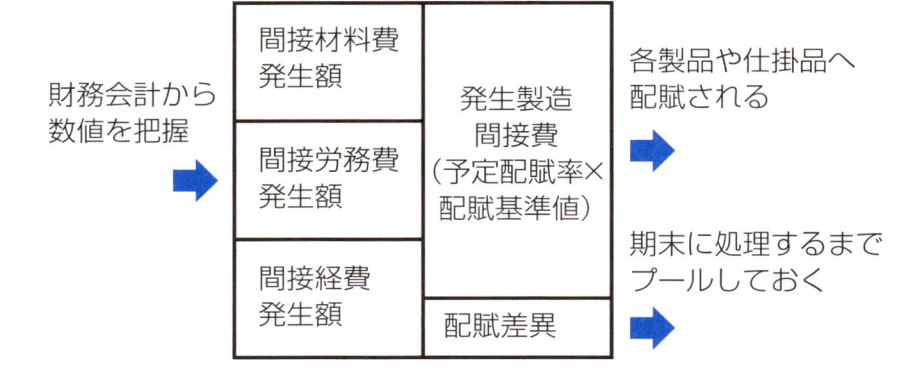

第5章 STEP3 経費・製造間接費を計算しよう 75

間接材料費発生額	発生製造間接費 (予定配賦率×配賦基準値)
間接労務費発生額	
間接経費発生額	配賦差異

財務会計から数値を把握 ➡

➡ 各製品や仕掛品へ配賦される

➡ 期末に処理するまでプールしておく

前節の配賦額の計算の設例を再掲します。これをもとに次のようなグラフを書くことができます。

><条件>
>
>　この会社では，操業度としてメインの加工機械の運転時間を採用。月間の運転時間は150時間。
>
>　間接材料費予算100万円，間接労務費予算300万円，間接経費予算500万円とした（このうち固定費600万円）。
>
>　4月の実際発生額は，間接材料費103万円，間接労務費302万円，間接経費525万円であった（このうち固定費598万円）。
>
><予定配賦率の計算>
>　1時間当たりの予定配賦率は，(100万円＋300万円＋500万円)÷150h＝60,000円となる。
>
><配賦額の計算>
>　4月の機械運転時間は，148時間であった。

60,000×148 h ＝8,880,000円

＜配賦差異総額の計算＞

888万円－(103万円＋302万円＋525万円)＝△420,000円（実際額の方が多いので，不利な差異という）

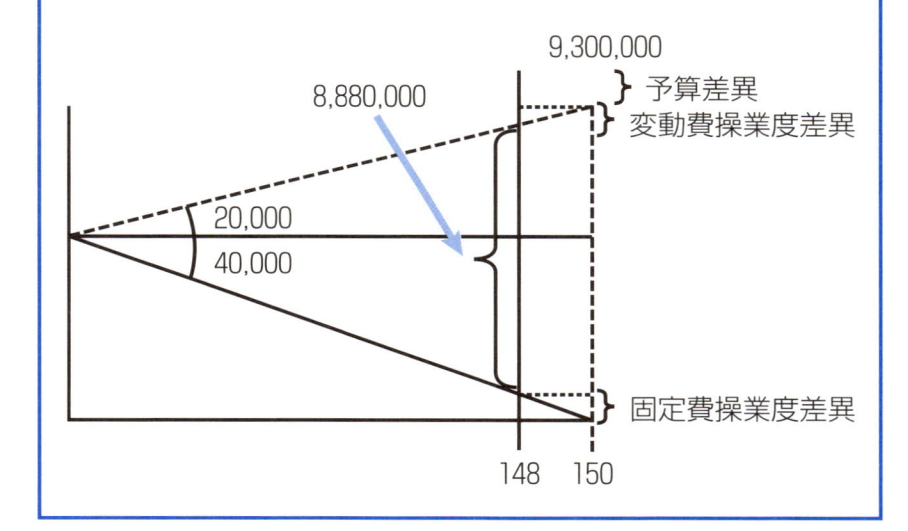

```
                          9,300,000
                         ┐ 予算差異
          8,880,000      ┘ 変動費操業度差異

      20,000
      40,000

                          ┐
                          ┘ 固定費操業度差異
                        148  150
```

　この配賦差異は，発生の原因によって，予算差異と操業度差異に分解して内容を検討することができます。

＜配賦差異の内訳＞

① 予算差異

　予算額－実際発生額

　　＝9,000,000－9,300,000＝△300,000

② 操業度差異

　実際配賦率×実際操業時間－予算額

> ＝60,000×148－9,000,000＝△120,000

　この①と②を加えると△420,000となり，配賦差異の金額に一致します。

　2つに分解することで，実際配賦額と予算額との間の差異の発生原因がつかみやすくなります。

　①の予算差異は，150時間操業をしていたら，いくら原価が発生するかという予算額を実際発生額が超えていたのかどうか？　という点を明らかにしてくれます。

　②の操業度差異は，予算を設定する操業度に対して，実際の操業度が多かったり少なかったりした結果として，配賦額が変わってしまった金額を明らかにしてくれます。

　そこで，それぞれの差異について図表のような原因究明をすることができるでしょう。

	差異の内容	対応策
予算差異	予算設定上の操業度で操業していたら発生する予定の予算額と実際の配賦額の差額	予算上，支出する予定ではなかった支出がなかったか，あるいは予算設定時の単価と違っている支出がないかを確かめる。
操業度差異	予算を設定するうえでの操業度と実際の操業度の差から発生した配賦額の差額	予算設定時の操業度がなぜ達成できなかったか，工場の作業が止まっていた理由（機械の故障とか原料の未入荷での手待ちなど）を探る。

　こうした原因究明へとつなげることで，財務会計目的を主目的にした原価計算であっても，予算管理や原価管理に役立てることができます。

Column
配賦法って重要なのでしょうか？

　この本では，まず，総合原価計算の流れをきちんと説明して，それから部門や工程がたくさんある現実的な製造現場での原価計算の説明をする予定です。一般的な原価計算の書籍の中では，製造間接費を複数の補助部門に配賦する方法として，直接配賦法，階梯式配賦法，相互配賦法といったものが説明されることがあります。簿記検定試験の工業簿記で出題されるから，というのも説明される理由なのだと思います。

　しかし，これも本書が想定する中堅・中小企業の原価計算においてはあまり重要な話ではないのかもしれないと考えています。たとえば，自社で使う電力を発電するプラントを持ち，保全部が工場設備だけでなく，発電プラントの維持・整備の作業を行い…という大規模な工場であれば，保全部の作業の何割かが発電部門のために行われ，保全部のコストの一部を配賦された発電部門のコストを製造部門に配賦するといった部門間のかかわり度合いを把握することも必要でしょう。

　ところがそれをいい出すと，資材部門は発電部門の維持・整備のための部品等の購買をしているし，工場の食堂を運営している厚生部もその一部は発電部門のために仕事をしている…などとやりだしたら，本当に複雑です。そこで無理やりかかわりの流れを定めて階梯式配賦法をしたり，相互関係を数式化して相互配賦法をしてもきりがないと思うのです。一番単純な直接配賦法で計算した場合とどれだけの差が出るのか？　という比較を頭に置きながら，計算方法の取捨選択をしていくとよいと思います。

第6章

> **STEP4** 仕掛品の計算➡原価計算の完了！

1　仕掛品の進捗度と完成品換算量

　本章では，前章まで続けてきた解説のまとめとして，いよいよ完成品原価の計算をします。
　工程や製品種類などのないもっともシンプルな単純総合原価計算です。
そして，複雑なパターンは，応用編として第8章で取り上げます。

　第2章4で説明したように総合原価計算では，原価を材料の投入の時点から材料の数量や重量ではなく，完成品に換算した数量や重量つまり完成品換算量で計算をします。仕掛品についても同じです。
　仕掛品は，製造途中の未完成の製品です。材料を製造過程の最初に投入し，それに加工を加えるベルトコンベアのような生産を想像すると，次頁の図のように100kgの完成品換算量の材料に徐々に労務費と経費が乗せられていって，進捗度100％つまりベルトコンベアの終点で完成品となることがわかります。

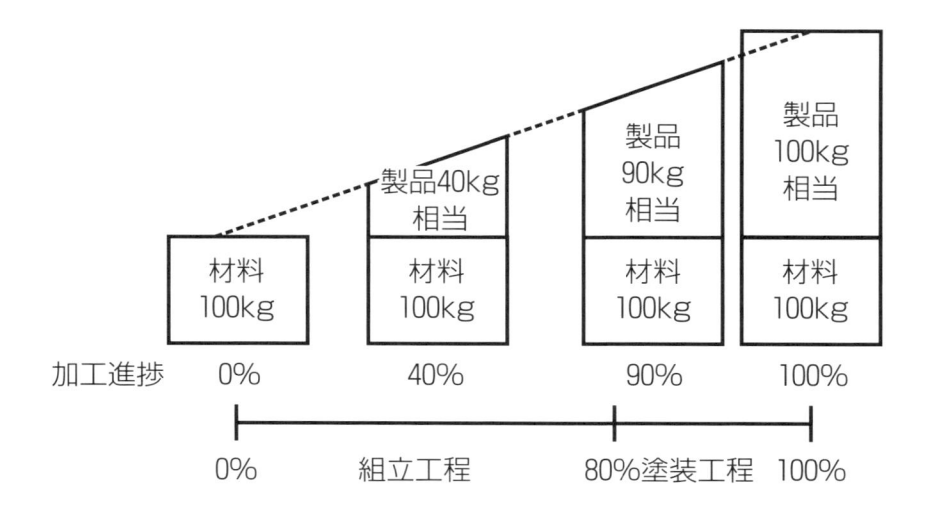

```
                                            製品
                                  製品       100kg
                          製品     90kg      相当
                 製品40kg  相当     相当
                 相当
        材料      材料      材料      材料
        100kg    100kg    100kg    100kg

加工進捗   0%      40%      90%     100%
         ├────────┼──────────┼────────┤
         0%    組立工程   80%塗装工程  100%
```

　月末や期末の時点では，工場のいろいろな場所に作りかけの製品がありますが，部品の組み立て，塗装，梱包といった製造工程を考えるならば，組み立てのところにあるのは，これから組み立てる材料や部品から組み上がった仕掛品まで。

　組み上がればあとは塗装をして梱包するだけなので，80％の原価が発生していると考えられるなら，組み立ての工程にあるのは，0％から80％の進捗率の仕掛品なので，平均して40％の進捗率と考えることができます。

　塗装工程が終わればあとは梱包するだけで実質完成品と同じだと考えれば，塗装工程にあるのは80％から100％の仕掛品だから平均して90％と考えます。

　そして，梱包の工程は，梱包作業はあるものの，箱に入れるだけなので，すべて100％の完成品と考えるといった前提の図が上の図です。

　もちろん，3つの工程の作業時間などによっては，梱包工程の入り口が90％でもよいですし，そこは，業種によって異なるでしょう。

そこを何らかの基準で設定することから仕掛品の計算はスタートすることになります。

こうして進捗率を決めれば，たとえば40％の加工進捗度と想定した組み立て工程に100個の仕掛品があれば，直接材料費については，100個の完成品換算量の仕掛品，直接労務費，直接経費，製造間接費については40個相当の完成品換算量の仕掛品であると考えることになります。

同じく90％の加工進捗度と想定した塗装工程に50個の仕掛品があれば，直接材料費については50個の完成品換算量の仕掛品，直接労務費，直接経費，製造間接費については45個相当の完成品換算量の仕掛品であると考えることになります。

> 〈進捗率設定の基準の例〉
> ① 各工程の作業員の平均人数
> ② 人件費と製造機械の減価償却費の工程別の合計
> ③ 工程ごとに投入する材料，部品などの金額
> ④ 工程ごとの作業場所の面積

①は，各工程が人の手作業で行われているような場合に工程ごとの原価の仕掛品への投入の度合いを反映できる基準です。

②は，人の手作業の工程と機械による加工工程の両方がある場合，その両方の度合いを反映した基準になるでしょう。

③は，加工の度合いが組み付けていく部品に比例すると考えられるような場合には，原価の投入を反映する基準となります。

④は，作業場所が広ければ，多くの人が働いたり，大きな機械が設置されているから大きな原価が投入される工程であろうと考える基準です。

業種によって，上記4つの例のどれが適切か，あるいはこれら以外にも基準があるかもしれません。

しかし，まずは，やってみるという意味では，「えいっ」と決めてしまうことが大事だと思います。

2 先入先出法と平均法

上記のような工程ごとの進捗度を決めたら，それぞれの工程にある完成品換算数量によって仕掛品残高の計算をすることになります。

この仕掛品残高の計算には，先入先出法と平均法があります。

厳密には，後入先出法という考え方もありますが，IFRS（国際財務報告基準）の考え方（公正価値概念）とはなじまない部分があるようです。

そのため，ここでは先入先出法と平均法の2つの説明に留めておきます。

(1) 先入先出法

先入先出法とは，期首にあった仕掛品在庫から先に完成して，当期に製造現場に投入した原料の中で完成しなかったものが仕掛品となるという考え方で計算するものです。

したがって，期末仕掛品の原価は，当期に投入した原価によって計算されることになります。

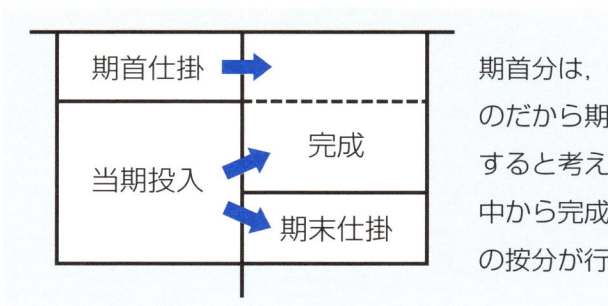

期首分は，作りかけの状態なのだから期末にはすべて完成すると考える。当期投入分の中から完成品と期末仕掛品への按分が行われる。

(2) 平均法

期首にあった仕掛品と当期に投入した原料を合わせた中から，完成品と期末仕掛品が算定されると考える算出法です。

前期（前月）の原価と当月の投入の原価の単価が違っている場合でも，それらを加重平均した原価で期末仕掛品の原価が算定されることになります。

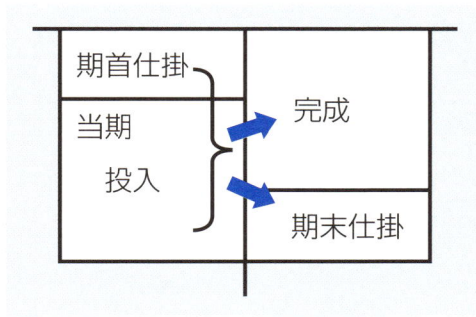

期首の数量と当期の投入数量合計で加重平均単価を出して，その単価で完成品と期末仕掛品の原価とする。

(3) それぞれの計算法

2つの計算を数値例で例示し，その結果を比較してみます。

次のような数値例で検討してみます。

> **設例**
>
> 　月初と月末の仕掛品と当月の完成品数量は次のような状況だったとします。
>
> 　そして，当月投入の材料費は，2,749,500円，労務費その他の加工費は，1,203,600円とします。
>
> 　期首仕掛品の材料分の原価は，423,000円，加工費分の原価は，122,400円でした。
>
> （単位：kg）
>
> | | | 月初 | | 月末 | |
> |---|---|---|---|---|---|
> | | | 数量 | 完成品換算量 | 数量 | 完成品換算量 |
> | 組立工程 | 材料100% | 300 | 300 | 250 | 250 |
> | | 加工進捗度40% | | 120 | | 100 |
> | 塗装工程 | 材料100% | 500 | 500 | 400 | 400 |
> | | 加工進捗度80% | | 400 | | 320 |
> | 梱包工程 | 材料100% | 400 | 400 | 400 | 400 |
> | | 加工進捗度95% | | 380 | | 380 |
> | 製品完成数量 | 材料100% | | | 6,000 | 6,000 |
> | | 加工進捗度100% | | | | |
> | 合計 | | 1,200 | 1,200 | 7,050 | 7,050 |
> | | | | 900 | | 6,800 |

解説

この状況をボックス型の勘定図で示すと次のようになります。

```
        材料費                      加工費
┌─────────┬─────────┐      ┌─────────┬─────────┐
│月初 1,200│         │      │月初 900 │         │
│         │ 完成    │      │         │ 完成    │
├─────────┤ 6,000   │      ├─────────┤ 6,000   │
│         │         │      │         │         │
│当月投入 ├─────────┤      │当月投入 ├─────────┤
│ 5,850   │月末 1,050│     │ 5,900   │月末 800 │
└─────────┴─────────┘      └─────────┴─────────┘
```

① 先入先出法

先入先出法では，当月完成した数量6,000kgのうち1,200kgは，月初に製造途中だった月初仕掛品が完成したとみなすので，残りの4,800kg分が当月の材料投入からの完成と考えます。

材料については，5,850kg投入して，4,800kgが完成し，1,050kgが未完成，仕掛品となったわけです。

また，加工費については，5,900kg分投入して，5,100kgの完成品，800kgの仕掛品ということになります。

そこで，月末仕掛品は，次のように計算されます。

   2,749,500×1,050kg／5,850kg＝493,500円
   1,203,600×800kg／5,900kg＝163,200円

したがって，完成品原価は，月初仕掛品原価＋当月投入原価－月末仕掛品原価で算出できますので，

   423,000＋2,749,500－493,500＝2,679,000円（材料）
   122,400＋1,203,600－163,200＝1,162,800円（加工費）

上記の2つを足し合わせると6,000kgの完成品の原価は3,841,800円となります。

　そして，今月は，1kg当たり，640.3円で製造できたということがわかります。

　ようやく，製品原価の計算ができました。ここまで読んできていただいた成果です。

　続いて，平均法による計算です。

② 平均法

　平均法では，月初仕掛品と当月投入を合わせて，その中から完成品と仕掛品が算出されると考えます。

　つまり材料については，月初仕掛品1,200kgと当月投入の5,850kgの合計7,050kgから1,050kgの仕掛品と6,000kgの完成品ができあがると考えます。

　そこで，次のような算式で，月末仕掛品原価が計算されます。

　　(423,000＋2,749,500)×1,050kg／(1,200kg＋5,850kg)＝472,500円
　　(122,400＋1,203,600)×800kg／(900kg＋5,900kg)＝156,000円

　したがって，完成品原価は，月初仕掛品原価＋当月投入原価－月末仕掛品原価で算出できます。

　平均法の場合，上記の式の1,050kg，800kgを完成品数量である6,000kgに置き換えても算出できることになります。

　　423,000＋2,749,500－472,500＝2,700,000円（材料）
　　122,400＋1,203,600－156,000＝1,170,000円（加工費）

　上記の2つを足し合わせると6,000kgの完成品の原価は3,870,000円となります。

そして，今月は，1kg当たり，645円で製造できたということがわかります。

(4) 先入先出法と平均法の違い

先入先出法では，当期製品原価は，640.3円／kgとなり，平均法では645円となりました。この差は先入先出法と平均法のどのような違いからきたのでしょうか。月初仕掛品と当月投入原価の単価を比較してみましょう。

		完成品換算量	原価	1kg当たり原価
材料	月初仕掛品	1,200kg	423,000	352.5
	当月投入原価	5,850kg	2,749,500	470
加工費	月初仕掛品	900kg	122,400	136
	当月投入原価	5,900kg	1,203,600	204

このように月初仕掛品より当月の原価の方が高くなっています。原材料が高騰したり，前月と当月の操業度の変動があったということかもしれません。いずれにせよ，これが原因です。先入先出法では，安い原価の月初仕掛品は，すべて完成したとみなされ，当月の高い原価の投入分からのみ月末仕掛品の原価が構成されると考えます。そのため，当月の完成品原価は，安い月初仕掛品の影響を強く受けて，平均法より安い完成品原価となります。

これに対して，平均法は，月初仕掛品と当月投入した原価の両方から月末仕掛品の原価を算定しますので，月末仕掛品が先入先出法より安く

なる分，当月完成品の原価は先入先出法より高くなってしまうのです。

　先入先出法と平均法のどちらが好ましいということは一概にはいえません。生産形態や材料価格の変動の大きさなど業種によっても違うと思われます。
　しかし，あえてどちらかを選ぶとすれば，昨今の会計思想の流れからは，先入先出法が好ましいのかもしれません。
　IFRSに代表される現代会計学では，資産負債アプローチと公正価値基準を採っています。
　すなわち，資産と負債の公正価値を測定し，それが前期末から当期末でどれだけ増減したかを認識・測定・報告することが会計の第一義的な目標とする考え方です。
　となれば，資産の部に計上される仕掛品が直近の投入原価で算定される先入先出法の方がよいということになるのではないでしょうか。

3　原価計算表の完成と原価計算システム

(1)　原価計算表

　こうした仕掛品の計算ができるようになると，ついに原価計算表が完成します。
　原価計算表は，この様式であるというものがあるわけではありませんが，一般的には次のようになるかと思います。
　この表は，2(3)の設例のうち②平均法の計算を数値例として利用しました。
　もちろん，加工費が労務費と製造間接費に分かれていてもかまいませ

	材料費			加工費			金額合計
	材料数量	金額	単価	換算数量	金額	単価	
月初仕掛品	1,200	423,000	352.5	900	122,400	136.0	545,400
当月投入量	5,850	2,749,500	470.0	5,900	1,203,600	204.0	3,953,100
小計	7,050	3,172,500	450.0	6,800	1,326,000	195.0	4,498,500
月末仕掛品	1,050	472,500	450.0	800	156,000	195.0	628,500
当月完成品	6,000	2,700,000	450.0	6,000	1,170,000	195.0	3,870,000
					完成品単価		645.0

ん。

また，次に説明する減損，仕損，作業屑などが行として加わるような場合もあってもよいでしょう。

(2) 原価計算システム

こうして原価計算が一応完結しました。しかし，会社の中で原価計算がきちんとできるためには，いろいろな部署や業務システムとのデータのやり取りが必要です。

原価計算をやる担当になった部署が一人で抱えられるものではなく，必要なデータを出力してもらってくる必要があります。

そこで，その関係性を図示してみましょう。

この図のように購買管理や固定資産管理などさまざまなシステムとかかわりを持っています。

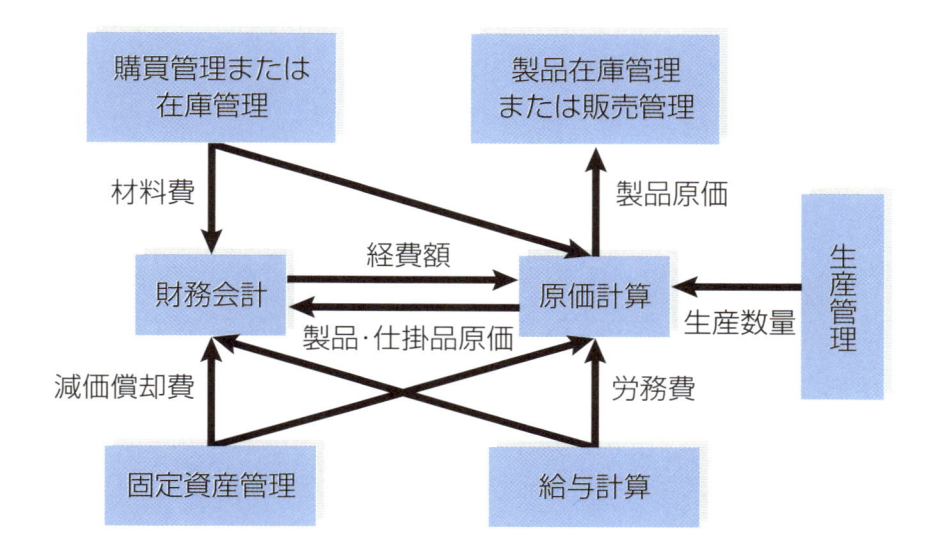

```
┌─────────────────┐              ┌─────────────────┐
│ 購買管理または  │              │ 製品在庫管理    │
│   在庫管理      │              │ または販売管理  │
└────────┬────────┘              └─────────────────┘
         │                              ▲
    材料費│                              │製品原価          ┌──────┐
         ▼         経費額                │                  │生    │
     ┌────────┐ ──────────────→  ┌────────┐               │産    │
     │財務会計│ ←──────────────  │原価計算│ ←──────────── │管    │
     └────────┘  製品・仕掛品原価 └────────┘   生産数量    │理    │
         ▲                              ▲                  └──────┘
    減価償却費                         労務費
         │                              │
  ┌────────────┐              ┌────────────┐
  │固定資産管理│              │ 給与計算   │
  └────────────┘              └────────────┘
```

　たとえば，購買管理は資材課や購買課が行っており，そこには購買管理ソフトや在庫管理ソフトが動いていると思います。

　原価計算を実施していないときには，経理が材料費を計上できるように当月の仕入金額を経理部門に報告しているだけだったかもしれません。

　原価計算をスタートするにあたっては，原価計算担当部署にも必要なデータがくるようにしなければなりません。

　あるいは工場の中での生産数量や完成品換算数量を把握したりする上では，生産管理側の資料が役に立ちます。

　このほか，操業度の設定などにおいては，生産管理だけでなく，経営企画部とのやり取りも必要になるかもしれません。

　会社ごとに組織の形は違っており，上記のような機能がどの部署が担っているかを調べないと当社にとっての原価計算のやり取りの仕組み，すなわちシステムを作り上げることができません。

また，原価計算に使えるようなデータを現時点では持っていない（作成していない）ようであれば，「こういうデータが欲しいので毎月こういうタイミングで，こういう様式で提供してほしい」という依頼をしなければなりません。

場合によっては，経営トップからの指示・命令が必要になるかもしれません。

そのため，原価計算をスタートするときには，上記のような関連部署から人が集まって，プロジェクトチームを作るとよいと思います。

4　減損と仕損

(1)　減損と原価計算での取扱い

減損とは，原料の歩減りをいいます。

つまり加工中に蒸発，粉散，ガス化，煙化などによって材料の一部が製品にならずに消えることをいいます。

原価計算基準では，減損は，特に費目を設けることなく完成品と仕掛品に負担させるとしています。

これは，減損として失われたものを特に計算することなく，処理をするということです。

この本の第2章4では，次のような書き方をしていました。

「たとえば，1kgのトマトに全部で300gの砂糖，塩，酢，玉ねぎ，スパイスが投入され，煮ている間に50gの水分が蒸発して1.25kgのケチャップができあがるとすれば，1kgの原材料トマトは，1.25kgの完成品に相当する数量だということになります。」

砂糖，塩，酢，玉ねぎ，スパイス300g

50gの蒸発←これが減損

1kg

完成品のケチャップは1.25kg

　ここでの50gの水分蒸発が減損です。

　投入した1kgのトマトを1.25kgの完成品換算数量として計算しているので，減損も必然的にこの計算の中に織り込まれ，仕掛品と完成品の原価となるのです。

　しかし，正常なプロセスで発生する減損，すなわち正常減損はよいとして，何らかのトラブルで無駄になってしまった減損，つまり異常な減損もそのままでよいのでしょうか。

　たとえば，トマトケチャップの例でいえば，ケチャップを煮る釜に原料を入れ損なって，一部を流してしまったので本来の生産量を作れなかったといった場合が該当するでしょうか。

　第2章5⑴原価の定義の④で正常性というものがありました。異常な原因により発生したものは原価の定義には当てはまらないので，失われた部分の原価を営業外費用などに処理するということになります。

　とはいえ，多少の入れ損ないなどは，製造作業の中で時にはある，あ

り得るということであれば，その無駄も正常な範囲だということで考えてよいと思います。

(2) 正常な減損の厳密な取扱い

原価計算の書籍によっては，正常な減損について，それがある一定点で発生する場合，そこで発生した正常減損費は，その点をすでに通過した製品に負担させるべきであり，その点をまだ通過していない仕掛品には負担させるべきではないといった記述がされている場合があります。

これも業種・業態で違ってくるわけで，たとえば，製造過程の途中に煮詰める工程があるという場合，ここでの水分等の蒸発を減損と捉えることもあるかもしれません。

この蒸発する水分量が季節等で大きく変化したりしないのであれば，この本の流儀でいえば，継続して原価計算している間の継続性の中で解消する問題だといえます。

しかし，この減損をきちんと把握することは，総合原価計算の理解を進めるうえで役立つ面があり，また，この後で解説する仕損，作業屑，副産物などの理解にも役立つので，少し丁寧に触れてみたいと思います。

① 減損が工程の始点または途中で発生する場合

減損が工程の始点や途中で発生する場合，その減損による影響をその後の工程が受けます。

完成品だけでなく，その後の工程における月末仕掛品も減損の影響を受けていることになります。

したがって，完成品数量と加工進捗度を加味した仕掛品の完成品換算数量によって原価を計算すれば，減損の影響を完成品と仕掛品に負担さ

せたことになります。

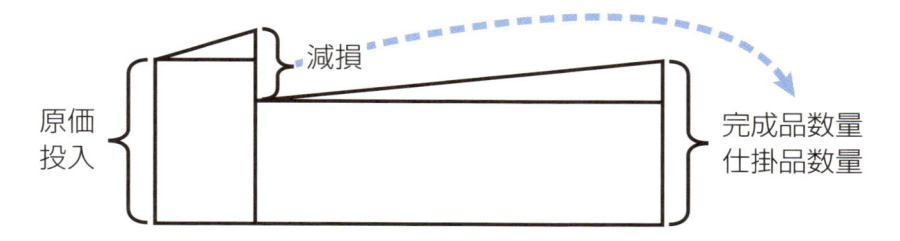

```
     ┌─────┐ 減損
原価 ┤     │                    ├ 完成品数量
投入 ┤     │                    ├ 仕掛品数量
     └─────┘
```

　投入された原価を完成品数量や仕掛品の完成品換算数量で按分することで発生した減損分の原価も完成品と仕掛品の原価となる。

②　減損が工程の終点近くで発生する場合

　減損が工程の終点近くで発生する場合，その減損による影響は，その工程の前までの段階で月末仕掛の状態の仕掛品には影響していないことになります。

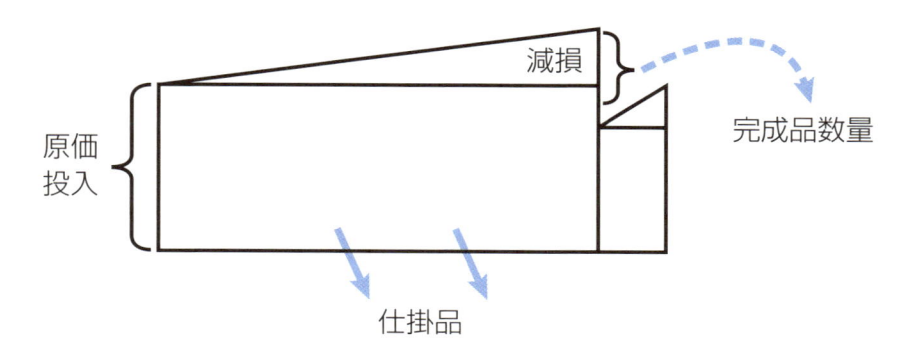

```
                               減損
原価 ┤                                  ├ 完成品数量
投入 ┤                                  │
                    ↓   ↓
                    仕掛品
```

　図のように減損が生じる時点より前の工程に未完成の仕掛品があれば，減損の影響をさせてはいけないので，すべて減損前の換算数量をもとに原価の計算をすることで，完成品に減損分の原価を負担させることにな

(3) 数値例による減損の取扱い

減損の処理について数値例を使って説明します。
解説用なので、原料のみで、加工費は省略します。

設例

月初仕掛品数量50kgで原価103,000円、当月投入量210kgで原価443,000円とします。
加工の途中で10kgの減損が生じます。
仕掛品の計算は、平均法とした場合の月末仕掛品、完成品の原価を算定してください。

	数量	原価
月初仕掛品	50kg	103,000円
当月投入量	210	443,000
正常減損量	10	—
差引	250	546,000
月末仕掛品	60	?
完成品	190	?

解説

① 減損が工程の最初にある場合

減損を仕掛品と完成品に負担させます。
したがって、減損後の数量を基準に仕掛品の計算をします。

月末仕掛品＝(103,000＋443,000)×60÷(50＋210－10)＝131,040

完成品＝(103,000＋443,000)×190÷(50＋210－10)＝414,960

② 減損が工程の最後にある場合

減損は，完成品だけが負担します。したがって，仕掛品は減損の数量を加味せずに計算します。

月末仕掛品＝(103,000＋443,000)×60÷(50＋210)＝126,000
完成品＝(103,000＋443,000)×(190＋10)÷(50＋210)＝420,000

このように②では減損による原価を完成品だけが負担するため，①に比べて，完成品原価が大きくなっています。

(4) 仕損と原価計算での取扱い

仕損（しそんじ）とは，製造過程の中で発生する失敗のことです。

仕損品とは何らかの理由で加工に失敗し，品質標準や規格標準に合致しなかったり，壊れてしまったりしたものをいいます。

原価計算基準では，仕損の費用は，特に費目を設けることなく完成品と仕掛品に負担させるとしています。

この点，減損と同じです。

ただし，仕損の発生が正常なもの（日常的に発生しうる頻度，度合いの仕損）については，減損と同様に仕損の発生場所に応じて，完成品と仕掛品に負担させることになります。

同時に仕損品に若干の補修を施せば，たとえば，壊れた部品だけ取り換えたり，塗装をやり直したりということであれば，補修費用も正常な原価の1つとして集計すればよいでしょう。

しかし，火災や洪水によって製造過程にあるものが使えなくなったよ

うな場合，異常な原因による仕損ですから，原価ではなく，特別損失とするべきです。

また，こうした天災によるものでなくても，機械の故障などで不良品が大量に発生した場合なども異常な仕損として原価から除外することも検討してもよいかもしれません。

5　連産品と副産物と作業屑

連産品というのは，1つの原料から複数の最終製品ができるような場合をいいます。

原油を精製するとガソリン，ナフサ，重油，軽油，灯油などができます。牛を解体すれば，フィレ，ロース，ほほ肉など体の各部から肉が取れ，舌，内臓なども販売されます。

こうした連産品は，これら一緒に生産されるものの原価をセットで算出することになります。

ただし，一緒に生産されるといっても，その市場価値が同じとは限らず，大豆から豆腐を作った際のオカラや牛を解体した場合の牛革などがそれでしょう。

また，原油の精製からできるアスファルトなどもガソリンなどと比較すると市場価値が下がるかもしれません。

こうした主製品の製造過程で副次的な産物として生産されるものは連産品とはいわず，**副産物**といいます。

さらに生産物とまでいえない，屑，ゴミに近いものの多少の処分価値があると**作業屑**といわれます。

たとえば，金属加工業における金属の削りかす，鉄板の小片などが該当します。

連産品と副産物の違いは，複数生産される製品の相対的な市場価値により決まるともいえ，一概に決められないことになります。

また，副産物と作業屑の違いも一概に決められないと思われます。

たとえば，ビールの製造過程で出てくる小麦ないしビール酵母の搾りかすから整腸剤が誕生したという話もありますが，そうなると小麦の搾りかすは作業屑から副産物に格上げになったということなのでしょう。

このように相対的な違いでしかない連産品と副産物と作業屑ですが，原価計算上の取扱いは違ってきますので，順番に解説していきます。

(1) 連産品の計算

連産品の原価は，連産品全体の製造原価を算出したうえで，連産品ごとに原価の按分をすることで各製品の原価とします。

そのための原価の按分の方法ですが，各製品の正常な市価をもとに按分比率を決めます。

たとえば，1つの製造過程からA製品とB製品が生産され，A製品は，1kg当たり3万円で販売でき，B製品は1kg当たり1万円で販売できるとすれば，A製品とB製品では3：1の経済価値の相違があるため，それを係数とします。A製品の数量に3倍，B製品の数量に1倍を乗じた数値で原価を按分します。

このほか，カロリーや比重などで按分の係数を作ることも考えられるかもしれません。

(2) 副産物の計算

副産物の場合，主製品の原価は，取得原価を基本とした計算に忠実にし，副産物の原価を見積により計算し除外するという発想で取り扱います。

そのため，副産物の見積販売価額から販売にかかわる販売費・一般管理費の見積額を控除して副産物原価とし，これを製造原価から控除することで，主製品の原価とします。

もし，副産物が生産されてから，加工を加えたのちに販売される場合には，上記の計算の中に加工費の見積額も控除して副産物原価とします。

さらに軽微な副産物であれば，販売によって得られた収益を製造原価から控除したりしないで，原価計算外の収益として取り扱うことも認められると思います。

この場合，副産物について，製造原価は発生していないとみなすということになります。

(3) 作業屑の計算

作業屑の取扱いは，(2)の軽微な副産物の処理と同じであり，その製造原価はないものとみなして，収益だけ計上することになります。

Column 原価管理は原価計算の埒外でもできる

　本書のように「まずは財務会計目的の原価計算。原価管理は後にしましょう」というスタンスだと原価管理，製造原価をいかに低減させていくか，効率的に生産するかという観点が抜け落ちてしまうのではないかと心配になる読者もいらっしゃると思います。しかし，原価計算では，金額面だけでなく，製造量や仕掛品残高の数量といった数量面を必ず把握していかなければその計算ができません。そのため，製造過程で出てくる数量面をきちんと押さえていれば，そこから原価管理に活用していくということができます。

　たとえば，減損や仕損の発生などの数量を月々記録しておき，「なぜ，今月は，こんなにたくさんの減損が発生したのだろう。」といった疑問が出たら，製造の現場に問い合わせをすれば，理由が出てくるはずです。そして，その理由に応じて，対策を打てばそれが原価管理です。いくら，詳細な原価管理資料が算出できても，コントロールする行動がなければ管理にはなりません。

　さらにきちんとした数量把握ができない場合でも，いろいろな工夫の中から原価管理のヒントを得ることはできます。たとえば，毎日の工場稼働時間や出勤者の人数などの資料と毎日の製品完成数量を対比することで製造の効率が算定できます。また，減損や仕損品の発生が増減すれば，産業廃棄物や通常のゴミ処理の数量や処理金額に変動が出てきます。

　つまり，原価計算制度の中で「これが原価管理に役立つ仕損品の原価です」といったものが算定されるよりも，初歩的な原価計算の中でも原価管理をする意識さえあれば，原価計算制度の枠の外で原価管理をすることができるのです。

第7章

原価計算を経営に活かす：
予定原価・標準原価の利用

1 予定原価を利用するメリット

　これまでの解説においては，実際原価，つまり実際に材料を仕入れたときの取得原価に基づく払い出し，実際の給与支給額合計を基にした人件費率，実際の経費額を基にした製造間接費率を前提に書き進めてきました。

　しかし，原材料の価格が変動するような業界においては，原材料価格の変動によって完成品の製造原価が変動してしまいます。
　一所懸命に製造の効率を上げて，これで原価低減が達成できるかと思ったその月に原材料価格が上昇していたら，努力が数字になって表れません。
　また，新入社員が入る4月，人件費は増えますが，彼らは新入社員研修の間は製造現場で働くことはありません。
　そのため，4～5月の完成品原価は高く，彼らが現場に配属される6月以降の原価は低減するというのもおかしな話です。さらに電力料金は，

夏場は高く，冬場は安めになりますが，電力を大量に使う会社では，電力料金の影響で夏場は製品原価が高くなるのもどんなものでしょうか。

それを解決するのが予定単価の使用です。

そこで，原価の払出しを予定単価にした場合の取扱い方法について説明していきます。

なお，予定単価で計算された原価を**予定原価**と呼びます。この予定単価を科学的・統計的な手法で設定し，さらに数量や時間も科学的・統計的な手法で設定した標準払出量，標準発生時間で計算すると**標準原価**と呼ばれます。

本書のスタンスでは，払出し面まで予定数量を使った標準原価計算は，応用編のため対象外としてもよいところです。

しかし，標準原価計算は，簿記検定試験でも出てきますし，差異分析の部分は，原価計算を理解するうえで重要です。

以下，標準原価計算を前提に払出しの単価と数量（時間）の差異分析について説明します。

2 直接材料費における予定原価と差異分析

直接材料費の発生額は，実際の取得原価をもとにして，月初仕掛品に当月仕入高を加え，月末仕掛品を控除して実際直接材料費が算定されます。

しかし，この実際直接材料費とは別に標準原価に完成品数量や月末仕掛品の完成品換算数量を乗じて標準材料費を算定します。

その結果，2つの直接材料費に差異，すなわち差額が生じます。

そこで，その差異の原因を分析するという作業によって，原価管理を行います。

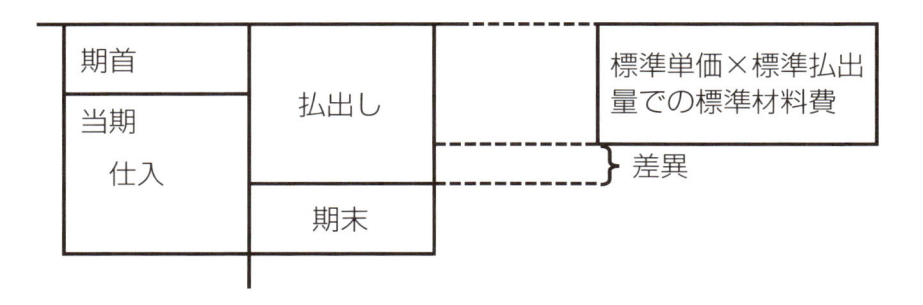

```
┌─────────┬─────────┐       ┌──────────────┐
│ 期首    │         │       │ 標準単価×標準払出│
├─────────┤ 払出し  │╶ ╶ ╶ ╶│ 量での標準材料費│
│ 当期    │         │       └──────────────┘
│         ├─────────┤╶ ╶ ╶ ╶ ╶ ╶} 差異
│ 仕入    │ 期末    │
└─────────┴─────────┘
```

この図のように材料の実際原価での払出単価や払出数量と標準単価や標準払出量は，一致しませんので，必ず差異が生じます。

普通は，差があっては困ると考えるのですが，差が出た原因を探ることで，改善のヒントが生まれるのです。

以下，この差異分析を設例を使って解説します。

設例

実際原価による当月材料消費量1,230kg，払出単価520円／kgでした。

当月完成品及び当月末仕掛品の完成品標準換算量は，1,200kg，標準の払出し単価は500円／kgでした。

このときの原価差異を求めなさい。

解説

標準原価と実際原価を次のようなグラフの中に落とし込むと原価差異が価格差異と数量差異に分解して求めることができます。

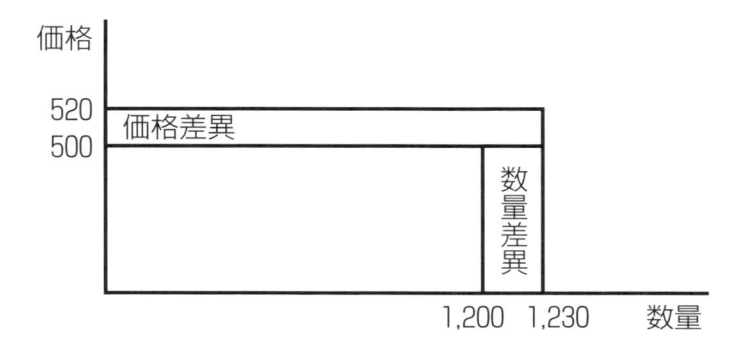

```
価格
520 ┌─────────────────────────┬──┐
    │   価格差異              │  │
500 ├─────────────────────────┼──┤
    │                         │数│
    │                         │量│
    │                         │差│
    │                         │異│
    └─────────────────────────┴──┘
                          1,200 1,230   数量
```

価格差異＝（500－520）×1,230＝△24,600円
数量差異＝500×（1,200－1,230）＝△15,000円

　この２つの差異の合計は，標準材料費（500×1,200＝600,000円）と実際材料費（520×1,230＝639,600円）の差額に一致します。

　それぞれの差異は，マイナスの金額で出ていますが，これは，**不利な差異**，つまり予定より多く原価がかかったことを示しています。

　逆に予定より原価がかからなかった場合には，プラスの差異が出ますが，これを**有利な差異**という言い方をします。

　価格差異とは，本来，標準の材料費単価500円で材料を調達できていれば，1,230kg使用しても500×1,230＝615,000円ですんだところ，高く仕入れてしまったため，520×1,230＝639,600かかってしまったということを示しています。

　材料単価の市価の変動や材料の仕入れにおける価格交渉の失敗があったことがわかります。

　これは，材料を仕入れるという工場での製造活動の手前の段階での原因であり，製造の効率に影響しないという点で，購買部門の活動状況やそれ以前に企業環境の変動を表す指標でもあります。

こうしたニュアンスを反映するためか，価格差異は，**材料受入価格差異**と表記することもあります。

これに対して，数量差異は，本来，1,200kgですむはずのところ，1,230kg使って製造を行ったということになるので，製造現場自体に原因がある差異です。

仕損があったのか，減損が予定より多かったのか，それによって次月以降の改善策を検討しなければなりません。

ただし，材料に不良品が多いなど品質が悪かったために使えない材料が生じていたというような場合は，材料を購買する部門での検品が悪かったことになります。

3 直接労務費における予定原価と差異分析

同じく労務費も実際労務費発生額と標準労務費の差額を２つに分けて分析することができます。

設例を使って説明しましょう。

設例

当月の実際労務費発生額32,550,000円。実際労働時間10,500時間，実際労働賃率は3,100円でした。

当月完成品及び当月末仕掛品から求められる労務費の完成品換算標準時間は10,000時間，標準賃率は3,000円でした。

このときの原価差異を求めなさい。

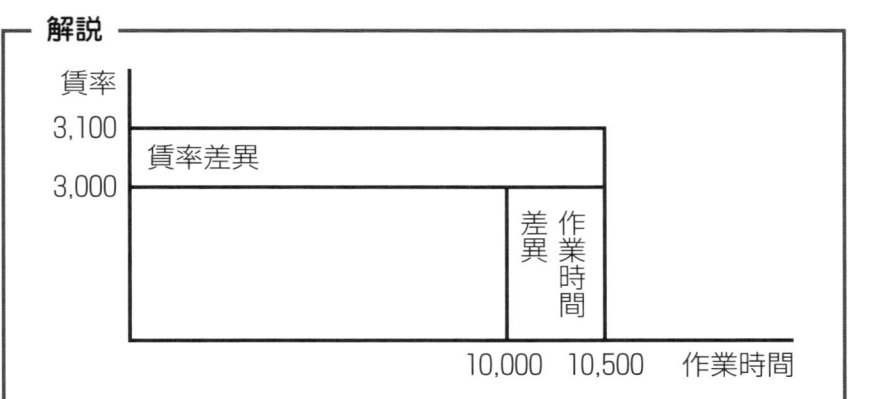

解説

```
賃率
3,100 ┌─────────────────────┬──────┐
      │   賃率差異          │      │
3,000 ├─────────────────────┼──────┤
      │                     │差 作 │
      │                     │  業  │
      │                     │異 時 │
      │                     │   間 │
      └─────────────────────┴──────┘
                         10,000 10,500  作業時間
```

賃率差異＝(3,000－3,100)×10,500＝△1,050,000円

作業時間差異＝3,000×(10,000－10,500)＝△1,500,000円

この2つの差異の合計は、標準労務費(3,000×10,000＝30,000,000円)と実際労務費(3,100×10,500＝32,550,000円)の差額に一致します。

賃率差異とは、本来、標準の賃率3,000円が直接労務費の単価であれば、10,500時間かかっても3,000×10,500＝31,500,000円ですんだところ、実際労務費の賃率が高かったため、3,100×10,500＝32,550,000円かかってしまったということを示しています。

これは、毎年の賃上げ交渉が予定より高めに妥結してしまった場合、物価上昇などでベースアップの引き上げがあった場合、残業時間が増えてしまったことなどが原因として考えられます。

残業時間については、製造現場の責任となる原因となります。

これに対して、**作業時間差異**は、本来、10,000時間ですむはずのところ、10,500時間使って製造を行ったということになるので、製造現場自体に原因がある差異です。

仕損があったのか，材料などを搬入する段取りが悪くて手待ち時間や段取時間が多かったのか，その原因によって次月以降の改善策を検討しなければなりません。

ただし，製造機械が故障して，大幅な手待ち時間が発生したり，故障したりしたときに作っていた製造品の補修に手間がかかったということであれば，製造機械の整備に問題がなかったかを疑うことになるでしょう。

4 製造間接費における予定原価と差異分析

第5章で経費について説明した際に操業度差異の説明をしましたが，製造間接費については，操業度の問題があるため，材料費や労務費の差異分析より要素が多くなります。

以下，設例を使って説明します。

設例

基準操業時間1,000時間。

予算から算定される基準操業時間での製造間接費は，操業時間に応じて変動する変動費が20,000,000円，固定費が40,000,000円でした。

よって時間当たりの変動製造間接費は，20,000円，固定製造間接費は40,000円となります。

当月完成品及び当月末仕掛品の完成品換算操業時間は，960時間，実際操業時間は，980時間であり，製造間接費総額は，59,800,000円でした。

製造間接費の原価差異を求めなさい。

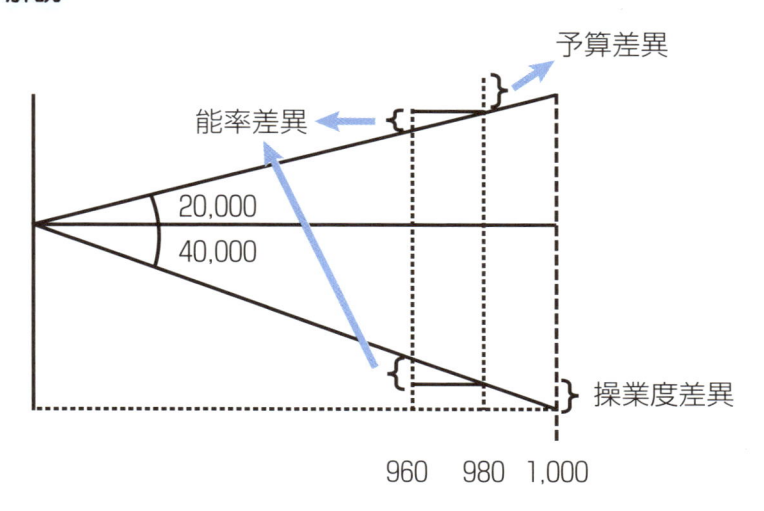

解説

[図: 予算差異、能率差異、操業度差異の関係図]
- 予算差異
- 能率差異
- 20,000
- 40,000
- 操業度差異
- 960　980　1,000

　予算差異は，実際の操業時間で計算された製造間接費の予算上の許容額と実際の製造間接費の発生金額の差額として算出します。

　固定費については，予算通り発生することが期待されますので，予算上の許容額の計算では，変動配賦率に実際時間を乗じて，固定費額を加算して予算許容額を算出します。

$$(20{,}000 \times 980 + 40{,}000{,}000) - 59{,}800{,}000 = \triangle 200{,}000$$

　能率差異は，標準操業時間と実際操業時間の差から生まれた差，すなわち能率を表す差異で，標準操業時間と実際操業時間の差に配賦率を乗じて算出します。

$$60{,}000 \times (960 - 980) = \triangle 1{,}200{,}000$$

　操業度差異は，基準操業度と実際操業度とのズレの結果，原価に配賦

できなかった固定費の金額です。

　実際操業時間と基準操業時間の差に固定費配賦率を乗じて算出します。

$$40,000 \times (980 - 1,000) = \triangle 800,000$$

　以上の差異の合計金額2,200,000円は，製造間接費の標準配賦額と実際発生額の差異に一致します。

$$960 \times 60,000 - 59,800,000 = \triangle 2,200,000$$

　予算差異は，実際操業時間において発生するはずの予算上の製造間接費と実際に発生した製造間接費の差額ですから，製造間接費に関する経費が予算以上に発生していることを意味します。

　間接材料の購入単価が高い，無駄に使われる，間接労働時間が多い，機械の購入金額が予算より高くて減価償却費が増えたなど原因を探すことになります。

　能率差異は，標準操業時間と実際操業時間の差により発生しますので，直接労務費と同様に作業時間に無駄がないかどうかを検討します。

　操業度差異は，基準操業度と実際操業度との差によって発生しますので，なぜ工場が基準操業度通りに操業できなかったのかについて検討します。

　もちろん，2月は28日しかないから，8月は，夏季休業があるからといったことかもしれませんが，こうした要因も含めて年間を通した基準操業時間が設定されているならば，年度末の3月等は，有利な差異が算定されなければおかしいということになります。

5　原価差異の期末処理と税務

こうして発生した原価差異は，どのように処理するのでしょうか。

これを適切に処理しないと，財務会計側で発生した実際原価が製造原価とずれたままになってしまいます。

(1)　原価計算上の取扱い

原価計算基準では，差異によって次のように定めています。

「標準原価計算制度における原価差異の処理は，次の方法による。
① 　数量差異，作業時間差異，能率差異等であって異常な状態に基づくと認められるものは，これを非原価項目として処理する。
② 　前記①の場合を除き，原価差異はすべて実際原価計算制度における処理の方法に準じて処理する。」

確かに異常な差異は，異常な原価なので，原価の本質の通り，正常性のない原価は，非原価項目とされます。正常な原価についての実際原価計算制度における処理は，次の通りです。

「実際原価計算制度における原価差異の処理は，次の方法による。
① 　原価差異は，材料受入価格差異を除き，原則として当年度の売上原価に賦課する。
② 　材料受入価格差異は，当年度の材料の受払高と期末在高に配賦する。」

なぜ，材料受入価格差異だけ異なる取扱いをするのでしょうか。

その原因は，本章2で述べたとおり，材料価格差異の発生は，材料を仕入れるという工場での製造活動の手前の段階での原因によるものであり，製造の効率に影響しないという点にあると思います。

逆にいえば，残りの原価差異は，すべて当期の製造活動に起因するものなので，売上原価に賦課してしまってよいということなのでしょう。

当期末の仕掛品や製品残高に負担させないのは，そもそも正常な差異なので金額も多くないことが想定されるので，計算の簡便性を優先したということだと考えます。

材料受入価格差異の配賦ですが，材料1品ごとに行う必要はありません。

種類群別でよいと原価計算基準に書かれていますが，下記の計算式によって材料総額ベースで計算しても問題ないと思います。

① 期末仕掛品に含まれる材料受入価格差異

　材料受入価格差異×期末仕掛品残高÷(売上原価＋期末の製品，半製品，仕掛品の合計額)

② 期末製品に含まれる材料受入価格差異

　材料受入価格差異×期末製品残高÷(売上原価＋期末の製品，半製品，仕掛品の合計額)

③ 売上原価に含まれる材料受入価格差異

$$材料受入価格差異 \times 期末売上原価 \div (売上原価 + 期末の製品, 半製品, 仕掛品の合計額)$$

計算例

期末時点での材料受入価格差異は，75,000円でした。当期の売上原価は，10,000,000円，期末製品残高は，1,500,000円，仕掛品残高は500,000円であったとき，期末仕掛品，期末製品，売上原価それぞれに含まれる材料受入価格差異はいくらか？

① 期末仕掛品に含まれる材料受入価格差異
75,000×500,000／(10,000,000＋1,500,000＋500,000)＝<u>3,125円</u>

② 期末製品に含まれる材料受入価格差異
75,000×1,500,000／(10,000,000＋1,500,000＋500,000)＝<u>9,375円</u>

③ 売上原価に含まれる材料受入価格差異
75,000×10,000,000／(10,000,000＋1,500,000＋500,000)＝<u>62,500円</u>

(2) 税務上の原価差異の取扱い

税務上では，原価差異をどのように取り扱っているでしょうか。
法人税基本通達5－3－1によれば，原価差異を「原価差額」としたうえで，次のような規定をしています。

「法人が各事業年度において製造等をした棚卸資産につき算定した取得価額が，法人税法施行令第32条第１項に規定する棚卸資産の取得価額に満たない場合には，その差額のうち期末棚卸資産に対応する部分の金額は，当該期末棚卸資産の評価額に加算する。」

これは，有利差異によって棚卸資産が高めに計算されている場合には，何もしない，すなわち売上原価に賦課してもよいが，不利な差異については製品残高や仕掛品残高への振替をしなければいけないということです。
　これは，原価計算基準と異なる処理方法を指示していることになります。

ただし，「原価差額には，材料費差額，労務費差額，経費差額等のほか，内部振替差額を含むことに留意する。」（同通達５－３－２）とありますので，ここで考えてきた原価差異だけでなく，内部振替などでその振替価格の設定が取得原価から乖離している場合も含んでいます。
　この振替価格を意図的に安く設定すれば，課税所得を圧縮できますので，こうした通達を置きたいのもわかるような気がします。

ちなみに次の５－３－３という通達では，原価差額の調整を要しない場合として次のように定めています。

「原価差額が少額（総製造費用のおおむね１％相当額以内の金額）である場合において，法人がその計算を明らかにした明細書を確定申告書に添付したときは，原価差額の調整を行わないことができるものとする。」

つまり，原価差額は，原価計算を適切に行う結果として，材料受入価格差異以外の各原価差異が総製造費用のおおむね１％相当額以内の金額になるようにしていかねばなりません。

　しかし，１％以上の大きな原価差異が出た場合，それが異常な原価差異であれば，原価計算基準では，非原価項目とするよう定めています。

　それなのに原価差額を棚卸資産に配賦したのでは，原価計算基準に反してしまいます。

原価計算基準と法人税基本通達の違い

原価差異（原価差額）の種類	材料受入価格差異	その他の原価差異	振替差異
原価計算基準	期末棚卸資産にも配賦	原則として売上原価に賦課	明記はないが，受入価格差異に準じると解される
法人税基本通達	期末棚卸資産に配賦。ただし，原価差額が総製造費用のおおむね１％相当額以内であれば，配賦作業は不要		

　本来，法人税での所得計算は，確定決算主義といって公正なる会計慣行に基づいて決算を行ったその利益に基づいて法人税法が定める項目だけ加算・減算を行って課税所得を求める方式になっています。

　したがって，法人税の本法に原価計算についての記述がなければ，原価計算基準に準拠して計算をしていれば問題ないはずです。

　前述の法人税法での取扱いは，法律でも政令でもなく，通達の話です。

　これは，課税庁の職員が従うべき基準で，納税者側はその通りにやっていなくても，その結果が課税所得を不当に減少させるようなものでな

ければ認められると考えるべきでしょう。

　私は，この通達は，材料受入価格差異や内部振替価格についての振替価格差異について適用することを意図しているのだと解したいと思います。

　したがって，まずは原価計算基準に従った処理を基本ルールと考えましょう。

Column　原価計算が税務調査の論点になるか？

　本章では，最後に原価計算基準と法人税法の矛盾に触れました。では，実務の現場，特に税務調査の場面においてこの論点はどのように取り扱われているのでしょうか。

　私は，公認会計士・税理士になってすでに25年ほどになりますが，税務調査において原価計算が論点となった経験はほとんどありません。さらには，同業者から「この間の税務調査で原価計算について言われちゃったんだけど，どう思う？」などと聞かれたこともないのです。

　これは，税務調査の目的が対象企業の脱税や誤謬による過少申告を発見することであり，企業が継続的に実施している業務については誤謬は生じにくいし，誤謬があっても数期間の間で吸収されてしまうと考えているからではないかと思います。

　公認会計士として監査をしていたときに，ある上場企業で原価差異が総製造費用の１％を超えているかを調べたところ，超えているものがありました。そこで「対処しないと税務リスクがあるのではないか？」と質問したことがありました。しかし，会社の人の回答は，「原価差異を調整するようなシステムになっていないので，１％を超えているときだけ特別な作業が加わるなんて勘弁してくださいよ」という感じでした。

　という観点で基本通達を読み返してみると，「総製造費用のおおむね１％相当額以内の金額」と書いてあります。この「おおむね」というのが曲者で，総製造費用の1.1％は，みなさんおおむね１％相当以内の金額に該当するというでしょう。では，1.5％なら？　1.9％なら？　結局，このあたりを税務調査で取り上げても，あまり現実的な話にはならないということなのではないでしょうか。

第8章

単純総合原価計算の応用と
その他の計算

　前章までは，単純総合原価計算を前提に「とにかく原価計算を始めてみる」というスタンスで説明をしてきました。

　しかし，実際の会社では，組立と塗装の工程があって，その工程間に半製品の在庫がある場合もあるでしょう。

　あるいは，車でいえばシャーシは共通でも上に乗るボディがセダンとクーペなどの2つ以上あり，製品系列が2組以上に分かれる製造会社もあるでしょう。

　また，その製品系列は1つでも，大きな差はなく，等級の違いといった範疇で整理がつく場合もあります。

　さらに組立や塗装などの製造部門のほかに動力部門など補助部門もあって，この部門間のやり取りを把握した原価計算をしたい場合もあります。

　本章では，こうした応用編としての原価計算のあらましを説明して，原価計算をゼロから始めてみるという本書の締めくくりといたします。

1　工程別総合原価計算

　製造工程が２つ以上の連続する工程に分けられ，工程ごとにその工程製品の総合原価を計算することを**工程別総合原価計算**といいます。

　工程別総合原価計算では，前の工程での完成品を次の工程では原料費（ないし前工程費）として次の工程での原価として取り扱います。

　単純総合原価計算では，複数の工程があっても全体を通して１つの工程と考えていましたが，工程ごとに１つの総合原価計算があると考えれば，仕掛品の完成品換算数量などの計算の精度が高くなると期待されます。両工程間の流れを図示すると次のようになります。

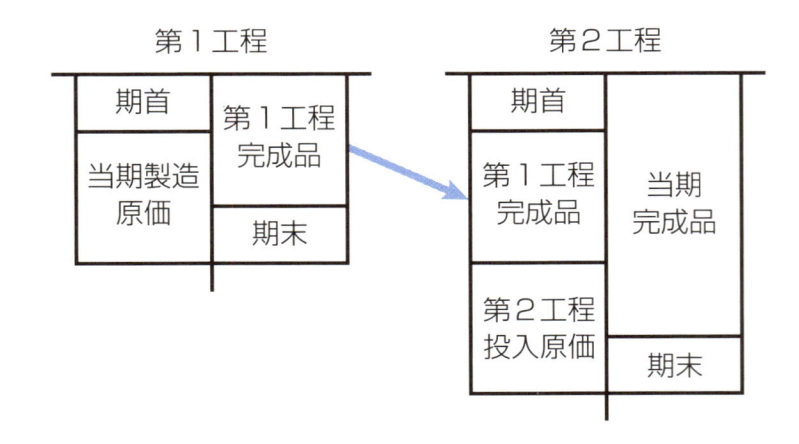

　第２工程の原材料は，第１工程の完成品（前工程費）と第２工程で投入される原材料との合計であり，その結果，両工程の原価が累加された形で計算されることになります。

　こうした計算を累加法と呼び，別に非累加法という方式もありますが，

計算が複雑ということもあり，累加法の発想が頭にあれば，それでよいと思います。

2　組別総合原価計算

組別総合原価計算は，1つの生産工程で異種の標準製品を量産する工場に適用される総合原価計算です。

たとえば，シャーシ（エンジンやボディを載せる土台，車軸や車輪が取り付けられる部分）は共通でもボディがセダン，2ドアクーペ，ワンボックスなど複数の種類に及ぶ自動車の生産などをイメージしてください。1つのラインから複数の組製品が量産される状態です。

この場合，シャーシは，組に共通する材料費，ボディは，組ごとに固

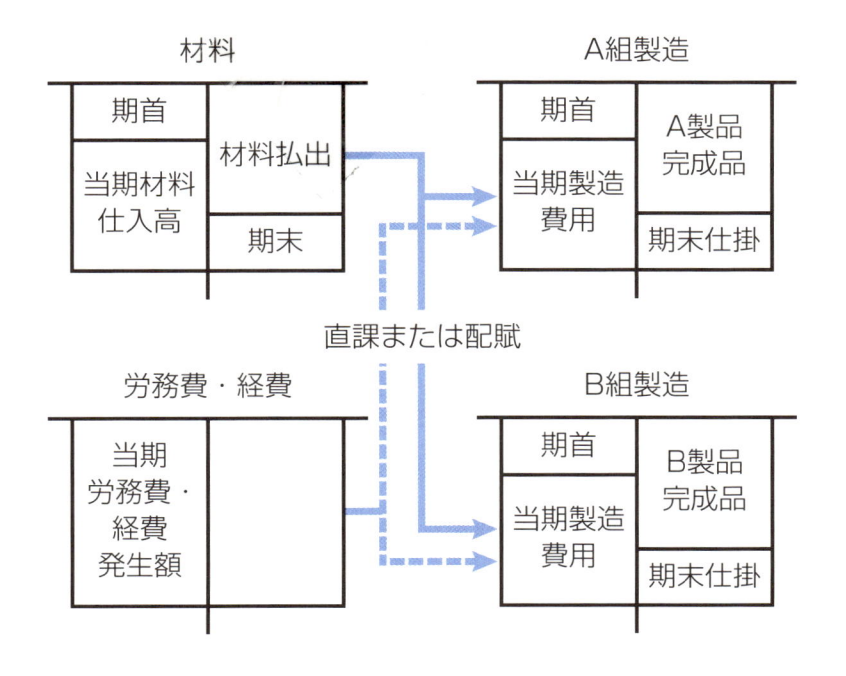

有の組直接費としての材料費となります。

　労務費や経費についても，組固有で把握できるものは組直接費とし，固有に把握するには細かいものや組に共通して発生するものは組間接費として各組に配賦します。

　なお，例として使用している自動車の場合であれば，1で説明した工程別総合原価計算を利用することもできます。

　シャーシの組み立てを1つの工程として捉えます。シャーシ工程の完成品をボディの製造工程では前工程費の材料費とし，A組製造，B組製造の組別原価計算を行うのです。

3　等級別総合原価計算

　等級別総合原価計算は，同一工程において同種製品を連続生産するが，それらの製品を形状，大きさ，品位などによって導入に区別できる場合に適用される総合原価計算です。

　たとえば，製鉄工場で厚さの異なる鋼板を生産する場合，合板製造工場で厚みの異なる合板をプレスする場合などが該当します。

　何度も例に取り上げている自動車の場合でも，同じ車種でもエンジンの排気量が違ったり，マニュアルシフトとオートマチックなど変速機の違いその他グレードの違いがあります。

　これをすべて組製品として認識するのではなく，等級の違いとして認識するほうが合理的な場合があります。

　等級別総合原価計算は，等級による原価発生の違いを等価係数により調整しますが，これを設例で説明しましょう。

設例

ある製品のA級品は，標準品であるB級品より部材が10%ほど厚く，材料費も加工手数も10%ほど余分にかかるものとします。そこでA級品の等価係数を1.1，B級品を1.0とします。当月は，A級品を2,000個，B級品を1,500個製造しました。A，B両製品を合わせた完成品原価は，12,210,000円でした。A級品，B級品の製造原価を求めます。

解説

等級製品	等価係数	等級製品生産量	積数
A級品	1.1	2,000	2,200
B級品	1.0	1,500	1,500
合計		3,500	3,700

A級品：12,210,000×2,200÷3,700＝7,260,000
B級品：12,210,000×1,500÷3,700＝4,950,000
A級品1個当たりの製造原価：7,260,000÷2,000＝3,630円
B級品1個当たりの製造原価：4,950,000÷1,500＝3,300円

このように等級別総合原価計算では，等級品の原価は，等価係数の比で算定されますので，等級品全体での原価管理をすることになります。

なお，材料費と加工費とで，それぞれの原価の費消に応じた等価係数を設定することもできます。

4 部門別総合原価計算

原価計算基準によれば，原価は，原則として実際発生額をまず費目別

に，つまり材料費や水道光熱費などの費目で計算し，次いで原価部門別に計算し，最後に製品別に集計すると説明されています。

つまり，材料費や水道光熱費を鋳造部門，組立部門，塗装部門などの製造部門やこれらを支える動力部，修繕部，検査部などの補助部門，資材部，工場事務部などの工場管理部門に計算します。

そして，各部門から製品に集約する作業を経て，製品原価となるというものです。

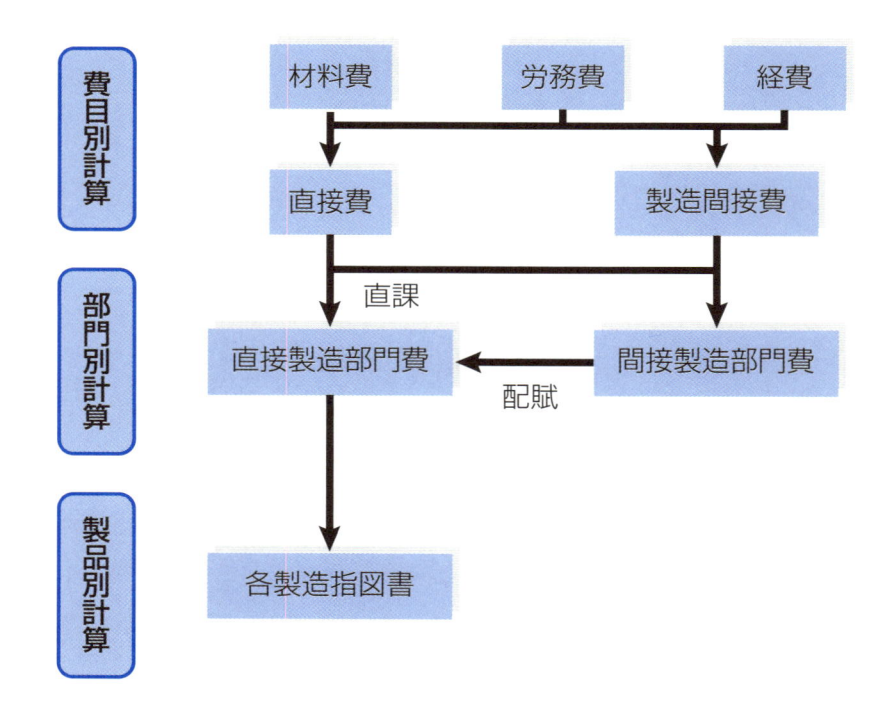

```
費目別計算:  材料費    労務費    経費
                ↓              ↓
             直接費        製造間接費
                ↓              ↓
部門別計算:  直接製造部門費 ← 間接製造部門費
              (直課)       (配賦)
                ↓
製品別計算:  各製造指図書
```

本書では，すでにこうした本格的な原価計算を導入している企業ではなく，これから原価計算を始めてみようという中堅企業や中小企業を想定して執筆していますから，こうした部門の設置は必ずしもないという

前提で説明した方がわかりやすいだろうという意図で，部門別計算を後回しにしました。

しかし，ここまで読まれてきた方は，だいたいやり方の想像がつくのではないでしょうか。
各部門に固有の原価は，部門直接費，各部門に共通の原価は，部門共通費としていったん集計したうえで各部門に配賦する，です。

原価部門の設定の目的は次の3つだといわれています。

> ①　基本的に異なる製造活動を区分する。
> ②　製品の生産の流れを円滑にする。
> ③　生産活動に対して，物量的な管理責任を確立する。

逆にいえば，鋳造と組立が1つの建物の中で行われていたり，さらには人員も複数の作業を兼務しながら一体として行われているようであれば，原価部門は設定するべきではないと思います。
なぜなら，上記の部門設定の目的に合致しないからです。

ここまで読まれてきた読者であれば，部門共通費は，その部門の占有面積，機械の消費電力，直接作業時間，従業員数などの基準で各部門に配賦するのだろうと推測されているでしょう。
その通りです。
そして，そういう推測力で，原価計算を構築していっていただければよいのです。
無事に会社が原価計算をスタートすることができ，その中でより精密

な原価計算が経営者や工場管理部門から求められるようになったら，大成功です。

そのときには，ページ数の多い原価計算の解説書を読んで改善点のヒントを得てもらえればと思います。

5　直接原価計算と損益分岐点分析

総合原価計算や個別原価計算は，すべての原価を集計するため，全部原価計算といわれます。

これに対する概念で直接原価計算というものがあります。

直接原価計算では，原価（ここでは製造原価と販売費及び一般管理費の両方を指します）を変動費と固定費に分類し，売上高から変動費を差し引いて貢献利益を計算し，その貢献利益から固定費を差し引いて営業利益を計算します。

原価計算という名称ですが，損益計算の手法であるという見方もあります。

売上高		12,000,000 円
変動売上原価		3,500,000
変動製造マージン		8,500,000
変動販売費		2,400,000
貢献利益		6,100,000
製造固定費	3,200,000	
固定販管費	1,700,000	4,900,000
営業利益		1,200,000

固定費は，製造量や販売量にかかわらず一定（正確には固定的）に発生します。それに対して，変動費は，製造量や販売量に比例して発生します。

そこで，①損益分岐点分析といった経営企画に役立つ資料が入手できること，②生産量や在庫の増減で売上高が同じでも営業利益が変わってしまうことがない，といった全部原価計算にはない特徴があります。

ただし，直接原価計算は，「固定費調整」と呼ばれる調整処理をしない限り制度としての原価計算としては認められないことや実際の企業での導入事例を私は見たことがないという点で，「さあ，原価計算を始めよう」という趣旨の書籍としては勧めにくい部分があります。

そこで，ここでは，損益分岐点についてだけ触れておくことにします。

前頁の損益計算書は，仕掛品や製品在庫はなく，1,000個生産して1,000個販売したものと考えて，この数値を基に損益分岐点について解説してみましょう。

1,000個の生産と販売ですから，販売価格は，12,000円，1個当たりの変動製造原価は3,500円です。

さらに1個売る都度，販売費用として2,400円かかります。それに対して，何個生産しようと製造固定費は3,200,000円かかり，販売数量に関係なく固定販売費が1,700,000円かかるという意味です。

そこで縦軸に収益と費用を採り，横軸に売上高を採って売上高の変化により収益と費用そしてその差額の損益がどう変動するかをグラフにすると次のようになります。

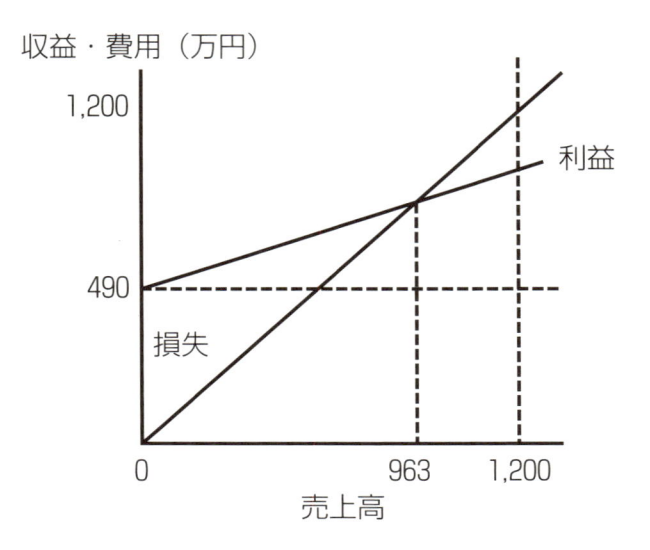

```
収益・費用（万円）
1,200
                           利益
490 ─────────────
    損失
  0        963  1,200
              売上高
```

　1個も売れなくても固定費が320万円と170万円の合計，490万円発生します。

　したがって，1つも売れない段階では，490万円の損失です。

　そして，1個売れる都度，製造と販売のコストが5,900円ずつ発生し，同時に売上による収益が12,000ずつ発生します。

　したがって，1個売れる都度，12,000 − 5,900 ＝ 6,100円ずつの利益が発生し，損失は490万円から徐々に減っていきます。

　そして，売れる数量が増えてくると，損失が小さくなり，やがて，損益が均衡する点に到達します。

　これが**損益分岐点**です。

　そして，現在は1,000個売れているので，収益から変動原価，固定原価を引いても黒字で120万円の黒字ということになります。

　経営計画を作る上で，現状の売上高がどれくらい減ったら利益がなく

なるのか？ というのを把握できるのが損益分岐点分析の利点です。

損益分岐点の売上数量は次の算式で出します。

$$損益分岐点売上数 = \frac{固定費額}{1個当たり売上高 - 1個当たり変動費}$$

この「1個当たり売上高 − 1個当たり変動費」を製品単位当たり貢献利益といいます。

売上数ではなく，損益分岐点売上高は，次の算式で求めます。

$$損益分岐点売上高 = \frac{固定費額}{貢献利益率}$$

貢献利益率は，貢献利益÷売値で求められます。先ほどの事例で計算すると次のようになります。

$$損益分岐点売上高 = \frac{4,900,000}{(12,000 - 5,900)/12,000} = 9,639,344 円$$

こうした分析は，年間の実績などが出た後で事後的に分析するだけでなく，広告費などをもっとかけて（固定費の増加），定価を引き上げながら（貢献利益率の引き上げ），販売数量の増加を目指した場合に利益が増えるのかどうか？ といった経営企画における検討でも大きな力を発揮します。

原価計算を始めてみて，会社の事業活動を数字で把握できるようになってくると，こうした分析へと進んでいくことができます。

　ですから，原価計算を始めてみようということなのです。

Column 経理以外の人にとっての原価計算・経理にとっての原価計算

　原価計算の教科書は，会計学者や公認会計士などによって書かれていることが多いと思います。私も含め，この人種の人たちは，簿記という共通言語を持っています。簿記を解する人たちは，本書でも何回か使っているT字勘定というツールをわかりやすい道具として用います。

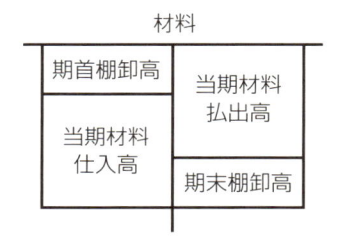

```
            材料
┌─────────┬─────────┐
│ 期首棚卸高│当期材料 │
│         │払出高   │
├─────────┤         │
│当期材料 │         │
│仕入高   ├─────────┤
│         │期末棚卸高│
└─────────┴─────────┘
```

　これは，材料が期首あった数量や金額に材料仕入を加えたすべての数量や金額がもれなく払出しまたは期末棚卸高になるということを意味しており，差があれば，左右のボックスの高さがずれてきます。左が実際原価，右が予定原価であれば，左右の高さがずれるので，材料予定価格差異としてズレの金額を認識すると，これで左右の高さを一致させられます。ということを図示するためのツールにすぎません。なので，ぜひ，このT字勘定にアレルギーを持たないでいただければと思います。

　逆に経理側の人は，この簿記のT字勘定が使われているがために，原価計算の計算過程も会計システムで計算するかのような誤解をしている人もいるようです。会計システムの中に部門別総合原価計算や等級別総合原価計算の勘定科目が設定されて計算が行われているわけではありません。とはいえ，最終的には，財務会計と有機的に結びついていないといけない原価計算。経理の人にも経理以外の人にも難しいものなのかもしれません。

【著者紹介】

佐久間裕幸（さくま・ひろゆき）

1961年東京都生まれ。
1984年慶應義塾大学商学部卒業，1986年慶應義塾大学大学院商学研究科修士課程修了。同年公認会計士二次試験合格，監査法人中央会計事務所（中央青山監査法人）に入所し，株式公開準備企業の監査等に従事。1990年公認会計士，税理士登録。
監査法人退職後，佐久間税務会計事務所を開設し，父の税理士事務所も引き継ぎ，所長に。中小・中堅企業の会計・税務の業務のほか，成長企業の公開準備支援などを実施。顧問先からの新興市場への上場2社，上場企業へのバイアウト2社。
2006年から2008年まで南山大学大学院（南山ビジネススクール）教授を務める。
著書に『電子帳簿の実務Q&A』，共著書に『徹底解明 会社法の法務・会計・税務』など。

　事務所HP：http://www.sakumakaikei.com
　ブログ：http://hsakuma.cocolog-nifty.com/

ゼロからはじめる原価計算　総合原価計算編

2012年9月20日　第1版第1刷発行

著　者　佐久間　裕　幸
発行者　山　本　憲　央
発行所　㈱中央経済社

〒101-0051　東京都千代田区神田神保町1-31-2
　　　　　　電話　03（3293）3371（編集部）
　　　　　　　　　03（3293）3381（営業部）
　　　　　　http://www.chuokeizai.co.jp/
　　　　　　振替口座　00100-8-8432
　　　　　　製版／㈱プランニングセンター
　　　　　　印刷／三英印刷㈱
　　　　　　製本／㈱関川製本所

© 2012
Printed in Japan

＊頁の「欠落」や「順序違い」などがありましたらお取り替えいたしますので小社営業部までご送付ください。（送料小社負担）
ISBN978-4-502-45970-2　C3034

JCOPY〈出版者著作権管理機構委託出版物〉本書を無断で複写複製（コピー）することは，著作権法上の例外を除き，禁じられています。本書をコピーされる場合は事前に出版者著作権管理機構（JCOPY）の許諾をうけてください。
　JCOPY〈http://www.jcopy.or.jp　eメール：info@jcopy.or.jp　電話：03-3513-6969〉